유튜브에 빠진
너에게

유튜브에 빠진
너에게

인스타그램부터 가짜 뉴스까지 Z세대를 위한 미디어 수업

구본권 지음

북트리거

차례

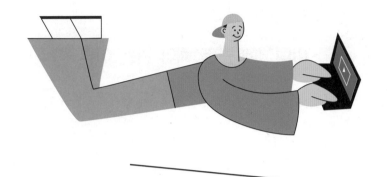

⸜⸜ 미디어에 반(反)해야 하는 이유 ⸝⸝

신나는 디지털 세상

숨 가쁘게 변화하는 세상에선 우리가 사는 모습도 시시각각 바뀝니다. 우리 삶은 어느 때보다 편리해졌습니다. 모든 게 손바닥 안에서 이뤄지니까요. "♬♪♩~" 기상 알람으로 시작해서 잠자리에 들 때까지 우리의 하루는 스마트폰과 함께합니다. 친구들과의 '단톡방'은 스마트폰 배터리를 닳게 하는 주범입니다. 단톡방에서 매일같이 무수한 이야기를 나누지요. 소셜 미디어에선 어떤 영화와 웹툰이 볼만한지 알려 줍니다. 화제의 뉴스와 사진을 찾아보고, 나만 모르는 '핫 아이템'이 있는지 인기 검색어 순위를 둘러봅니다. 좋아하는 아이돌 그룹의 팬 미팅 '직찍 사진'을 감상하기도 합니다. 관심 있는 학과나 직업도 검색만 하면, 속속들이 알아낼 수 있습니다.

그런가 하면 어느 때보다 평범한 개인의 영향력이 커졌습니다. 유튜브 덕분이지요. 유튜브에는 내가 알고 싶은 거의 모든 콘텐츠가 있어요. 마음만 먹으면 내가 직접 만든 콘텐츠를 실시간으로 방송할 수도 있습니다. 지구 반대편의 아르헨티나인까지도 내 채널의 잠재적인 시청자이지요. 많은 이들은 세계적인 유튜버가 되어 부귀와 명예를 누리는 삶을 꿈꿉니다. 활기찬 노후를 소개하며 글로벌 스타가 된 박막례 할머니, '초통령'으로 불리는 인간 뽀로로 도티, '자수성가형 금수저' 보람이까지 성공 사례만 떠올리면, 유튜버 스타가 만인의 부러움을 살 만하지요.

하지만 소셜 미디어 시대의 부작용도 분명 있습니다. 먼저, 내 은밀한 정보가 모두에게 노출되기 쉬워졌습니다. 그동안 내가 올렸던 인터넷의 모든 기록은 사실상 지워지지 않잖아요. 소셜 미디어에 남긴 게시물도 안전지대가 아닙니다. 유명인의 추악한 과거가 공개될 때, 소셜 미디어 내용이 증거로 자주 제시됩니다. 우리 같은 평범한 사람이 뭐 별일이야 있겠느냐고요? 하지만 누구든 과거 기록 때문에 난처한 상황에 처할 수 있어요. 소셜 미디어에 아무런 흔적을 남기지 않는 사람이라도 해커의 손아귀는 벗어날 수 없습니다. 많은 사람들의 개인 정보는 대부분 이미 해커들 손에 들어가 있기 때문이에요.

또 다른 문제점이 있습니다. 가짜 뉴스의 활발한 유통입니다. 스마트폰에서는 온갖 뉴스를 한 번에 볼 수 있고, 뉴스를 읽다가 모르는 게 있어도 검색해 보면 바로 궁금증을 해결할 수 있어요. 그런데도 어느 때보다 가짜 뉴스가 범람하는 시대입니다.

디지털 세상, 어떤 태도로 마주해야 할까

디지털 세상은 어떤 모습을 하고 있나요? 스마트폰과 인터넷이 불러온 이런 현상들은 한철 유행에 불과할까요? 글쎄요. 저는 이것이 피할 수 없는 사회 변화의 흐름이라고 봅니다. 왜냐하면 사람들은 본능적으로 더 많은 정보, 더 많은 선택의 기회, 더 편리한 기술과 도구를 추구하기 때문이지요. 미디어는 정보의 보고(寶庫)인 데다, 편리하기까지 하잖아요.

미디어는 계속 변하고 있습니다. 할아버지, 할머니가 살던 시절에는 책과 신문 같은 활자 미디어가 세상의 이모저모를 알려 줬습니다. 부모님 세대는 TV 방송 같은 영상 미디어를 통해 세상의 모습을 만나면서 살았습니다. 지금 청소년들은 이 모든 것에 더해서 인터넷과 소셜 미디어를 통해 모든 정보를 넘치도록 접하고 있지요. 주로 유튜브, 인스타그램, 페이스북 같은 소셜 미디어는 인류 역사에서 등장한 지 얼마 되지 않은 미디어예요. 부모님이나 선생님들은 새로 등장한 소셜 미디어나 인터넷 기술에 대해서 청소년보다 친숙하지 않은 경우가 많습니다. 그러니 어른들은 새로운 미디어의 장단점을 명확히 알려 주기보다 '공부에 방해되니 쓰지 마라.'라고만 합니다.

하지만 청소년들도 명심할 게 있습니다. 새로운 미디어를 많이 사용하고, 그 기능을 다루는 조작법에 능숙하다고 해서 반드시 그 미디어의 사용법을 잘 아는 것은 아니라는 사실입니다. 미디어를 지혜롭게 이용한다는 것은 미디어가 전달하는 콘텐츠가 어떻게 만들어졌고, 그 이용의 결과가 자신과 사회에 장기적으로 어떠한 영향을 미치는지 이해하는 것을 의미합니다. 이 책은 미디어와 함께하는 Z세대를 위해, 디지털 세상에서 미디어가 어떻게 달라졌고 무슨 역할을 하는지를 안내하기 위해서 만들어졌습니다.

미디어를 거슬러 사용해야 하는 이유

세상을 보는 창인 미디어는 디지털 환경에서 마법과 같은 도구가 되었습니다. 신문과 방송 위주의 매스미디어 시대에도 미디어는 다양한 역할을 했지만, 오늘날처럼 강력하고 매력적이지는 않았어요. 지금은 손안의 스마트폰에서 온갖 이야기를 끝없이 만날 수 있잖아요. 뉴스와 월드컵 축구 경기 결과는 물론 '최애' 아티스트의 무대 영상, 생생한 영상을 구현한 게임, 친구와 연인의 사소한 소식까지 모두 접할 수 있지요. 이러니 우리는 미디어의 매력에 빠져들 수밖에 없습니다. 스마트폰과 소셜 미디어로 미디어가 더욱 편리해진 덕분에 우리 모두는 미디어에 반해 버렸습니다.

그런데 이렇게 매력적인 대상에 대해서 꼭 알아야 할 게 있습니다. 너무 매력적이면 매우 위험하기도 하다는 사실입니다. 달달한 음식, 게임처럼 강렬한 행복감을 주는 것에는 중독되기 쉽잖아요. 미디어 또한 우리를 중독으로 이끕니다. 한번 시작하면 끝도 없이 클릭을 하기 일쑤입니다. 그렇다고 이미 우리 생활 깊숙이 파고든 미디어를 갑작스레 멀리할 수는 없지요.

중요한 것은 미디어의 지혜로운 사용법, 즉 자신만의 통제 방법을 아는 겁니다. 이는 미디어가 지닌 긍정적인 측면과 부정적인 모습을 두루 알고, 적절한 사용법을 익히는 것을 말해요. 모든 것엔 양면성이 있습니다. 빛이 강하면 그림자 또한 짙은 법이지요. 우리가 때로는 미디어를 거슬러[反] 사용해야 하는 이유입니다.

첫 번째 이야기.
SNS
#던바의 수 #잊힐 권리

1

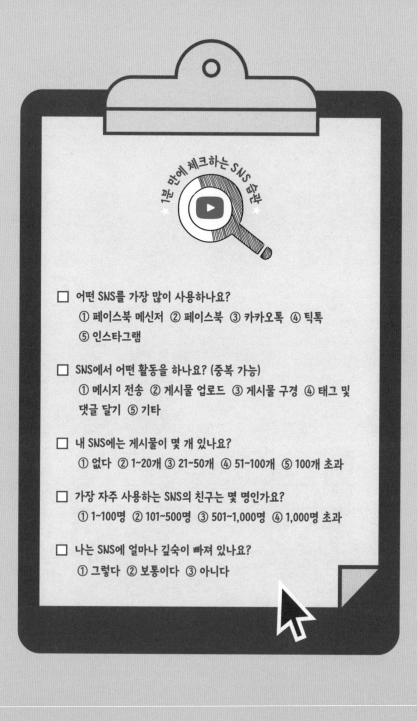

1분 만에 체크하는 SNS 습관

□ 어떤 SNS를 가장 많이 사용하나요?
① 페이스북 메신저 ② 페이스북 ③ 카카오톡 ④ 틱톡
⑤ 인스타그램

□ SNS에서 어떤 활동을 하나요? (중복 가능)
① 메시지 전송 ② 게시물 업로드 ③ 게시물 구경 ④ 태그 및
댓글 달기 ⑤ 기타

□ 내 SNS에는 게시물이 몇 개 있나요?
① 없다 ② 1~20개 ③ 21~50개 ④ 51~100개 ⑤ 100개 초과

□ 가장 자주 사용하는 SNS의 친구는 몇 명인가요?
① 1~100명 ② 101~500명 ③ 501~1,000명 ④ 1,000명 초과

□ 나는 SNS에 얼마나 깊숙이 빠져 있나요?
① 그렇다 ② 보통이다 ③ 아니다

너와 내가
연결되다

스마트폰을 손에 쥔 사람들이 가장 오랜 시간 이용하는 서비스는 무엇일까요? 카카오톡, 유튜브, 페이스북, 인스타그램, 트위터 등입니다. 다른 나라 사람들의 스마트폰 이용 습관도 비슷합니다. 한국에서는 카카오톡이 인기라면, 영미권에서는 왓츠앱(WhatsApp), 중국어권에서는 위챗(WeChat)이 인기 메시지 앱인 정도만 다르지요. 스마트폰에서 인기 높은 이 서비스들은 모두 '소셜 미디어'라는 게 공통점입니다.

SNS(Social Network Service, 소셜 네트워크 서비스)라고도 부르는 소셜 미디어(social media)는 왜 그토록 인기일까요? 바로 언제 어디서나 다른 사람들과 연결될 수 있기 때문입니다. 수많은 사람들과 쉴 새 없이 이야기를 나누고, 글과 영상도 무료로 빠르게 전달할 수 있지요. 이 외에도 소셜 미디어의 매력은 넘쳐 납니다.

SNS의 네 가지 매력

소셜 미디어의 매력을 구체적으로 알아보지요. 첫째, 소셜 미디어는 유익한 정보를 제공해 주는 귀중한 정보 보따리입니다. 과거에는 궁금한 것이 생기면 도서관으로 가거나 TV 프로그램을 참고했습니다. 책과 TV가 전문가와 대중을 잇는 몇 안 되는 도구였어요. 지금은 소셜 미디어를 통해 대중이 전문가의 의견을 실시간으로 들을 수 있게 되었습니다. '친구 맺기'만으로 다양한 전문가들이 알려 주는 '꿀 정보'를 편리하게 만날 수 있습니다.

꼭 전문가를 통해서만 정보를 얻는 것은 아닙니다. 소셜 미디어에서는 평범한 사람들의 지식이 모여 거대한 집단 지성을 형성합니다. 일본 최대 IT 기업 소프트뱅크를 창업한 손정의는 소셜 미디어에 대해 이렇게 말했어요. "좌뇌, 우뇌에 이어 외뇌(外腦)를 얻은 것 같다." 전 세계의 다양한 사람들이 알려 주는 풍부한 정보의 세계를 '우리 신체 바깥에 있는 또 하나의 뇌'라고 표현한 것입니다.

둘째, 소셜 미디어는 잠시도 지루할 틈 없는 재미를 줍니다. 친구 맺기를 한 사람들의 게시물을 보다 보면 시간이 훌쩍 흘러가지요? 사람은 늘 다른 사람들에 관한 이야기를 좋아하잖아요. 소셜 미디어에서는 친구 A가 맛집에 다녀왔다는 소식, 유명인 B가 멋진 옷을 차려입고 찍은 사진 등을 확인할 수 있어요. 사실 우리의 일상 대화 대부분은 사람들에 관한 얘기입니다. 소셜 미디어는 우리가 늘 흥미롭게 주고받는 이야기의 연장선상에 있습니다.

셋째, 소셜 미디어는 뛰어난 광고 효과로 경제를 활성화하는 동력입니다. 광고주는 늘 사람들로 북적거리는 곳에 주목합니다. 광고 효과를 극대화하기 위해서지요. 이용 인구가 늘어나자 소셜 미디어는 매스미디어(mass media)에 버금가는 영향력을 갖게 되었어요. 실제로 지상파방송 등 전통 매체의 광고 매출은 하락하는 반면, 모바일 광고는 꾸준한 성장세를 보입니다.

왜 광고주들은 소셜 미디어 광고를 선호할까요? 소셜 미디어에서는 매스미디어보다 정교한 맞춤형 광고가 가능하기 때문입니다. 매스미디어에서는 무차별적으로 광고가 노출됩니다. 그 상품에 관심이 없는 사람들한테까지 광고가 전달되지요. 반면에 소셜 미디어에선 이용자의 행적을 기반으로 특성을 파악한 뒤, 데이터 분석을 통해 관심사에 맞는 광고를 싣습니다. 같은 연령대, 지역, 취향의 사람들이 '좋아요'를 누른 콘텐츠를 나에게도 추천해 주는 식이지요. 개인별로 맞춤화된 광고를 내보내니 상대적으로 적은 광고비를 사용하고도 소셜 미디어의 광고 효과는 높습니다.

넷째, 소셜 미디어는 여론을 형성해 사회를 변화시키는 도구입니다. 2010~2011년 북아프리카와 중동의 여러 나라들에서는 소셜 미디어가 한 줄기 빛이었습니다. '아랍의 봄'이라고 불리는 민주화 운동에서 유튜브, 페이스북 등 소셜 미디어가 커다란 힘을 발휘한 거예요. 시민들은 정부의 통제를 받은 정보에 의존하지 않았습니다. 소셜 미디어를 통해 소식을 주고받고, 여론을 형성하며 오랜 기간 민주화 시위를 이어 나갔습니다.

이처럼 소셜 미디어에서는 사회를 바꾸려는 많은 시도가 이뤄지고 있어요. 지진이나 쓰나미 같은 자연재해가 발생해 난민이 생겨나면 소셜 미디어에서는 모금 캠페인이 일어납니다. 2017년 시작된 '미투 운동'에서도 소셜 미디어의 역할이 컸습니다. 트위터, 페이스북 등을 통한 성폭력 고발이 이어지면서 미투 운동이 전 세계적으로 확산된 거예요. 소셜 미디어를 이용한다면 일반 시민들도 우렁찬 목소리를 내며 세상에 영향을 끼칠 수 있음을 알려 준 사례입니다. 매스미디어가 독점적으로 수행하던 여론 형성의 권한이 이제는 일반 시민에게도 주어진 거지요.

우리는 사회적 동물이라서

우리를 소셜 미디어에 푹 빠지게 만드는 근본적인 원인은 무엇일까요? 2,400년 전 그리스 철학자 아리스토텔레스가 그 답을 알고 있습니다. 인간은 사회적 동물이기 때문입니다. 누구든 사람이라면 사람들 속에서 살아갑니다. 외딴곳에서 고립돼 생활하거나, 종교적 이유로 속세를 벗어나는 것은 지극히 예외적인 경우입니다. 사람들이 서로를 연결해 주는 소셜 미디어에 빠지는 것은 당연하고 자연스럽습니다.

우리는 사람 간 연결을 도와주는 도구를 만나면 적극적으로 받아들입니다. 스마트폰이 전문가들의 예측보다 훨씬 빠르게 널리 퍼져 나간 이유지요. 인터넷과 소셜 미디어도 마찬가지입니다. 인터넷을 처음 개발한 사람들은 오늘날처럼 모두가 인터넷을 쓸 것이라고 전혀 예상하지 못했어요. 주로 학술적, 군사적 용도로 설계했으니까요.

페이스북 역시 지금처럼 전 세계인이 쓸 거라고 상상도 못했습니다. 초창기 페이스북은 오직 하버드대 재학생을 위한 '인맥 관리' 서비스였어요. 페이스북 전신(前身) '더페이스북(TheFaceBook)'에선 같은 수업을 듣지만 이름만 아는 학생 혹은 친구의 친구를 찾아볼 수 있었습니다. 더페이스북이 대학생들 사이에서 입소문을 타자, 다른 학교 학생들도 이를 이용하게 해 달라고 요청했어요. 결국 더페이스북은 이름을 페이스북으로 바꾼 후 미국 전역에서 사용하는 서비스로 발돋움하게 되었습니다.

페이스북 같은 소셜 미디어는 어떤 방식으로 우리를 연결할까요? 과거엔 친구와 대화하려면 직접 만나거나 전화로 목소리를 들어야 했습니다. 사람들을 만나면 소속감과 안정감을 느낄 수 있습니다. 하지만 이렇게 오프라인에서 친구를 만나 대화하고 동아리 모임을 지속하려면 시간도 돈도 많이 듭니다. 자연히 많은 친구들을 꾸준히 만나기 어렵습니다.

그렇지만 소셜 미디어를 이용한다면 친구와 틈틈이 연락하고, 여러 모임이나 집단에 속해서 정보를 주고받으며 활동하는 데에도 전혀 어려움이 없습니다. 항상 친구들과 연결 상태이기 때문에 거리, 시간에 구애받지 않고 인간관계를 이어 나갈 수 있는 거지요. 한 번도 만난 적 없고 이름을 몰랐던 사람들과 소셜 미디어에서 친구를 맺는 경우까지 생겨났습니다. 일상을 공유하면 원래 알고 지내던 사이처럼 친밀감이 형성되기 때문이에요.

연결될수록 커지는 창의력

사람이 언제나 더 많은 연결을 추구한다는 것은 소규모 마을이 점점 도시가 되는 현상에서도 알 수 있어요. 대도시와 거대도시로 몰려드는 사람들은 갈수록 늘어나고 있습니다.

그런데 도시 크기와 창조적 역량이 상관관계가 있다는 사실, 알고 있었나요?

복잡계 분야 연구로 유명한 미국의 산타페연구소에서는 도시 인구수가 늘어날수록 창조적 역량도 늘어난다는 연구 결과를 내

놓았습니다. 여러 나라의 도시들을 조사해 봤더니, 이웃 도시보다 10배 큰 도시는 17배, 50배 큰 도시는 130배 더 혁신적이었습니다. 뉴욕, 런던, 서울 같은 거대도시의 창의성 역량이 소규모 마을보다 훨씬 뛰어나다는 뜻입니다.

왜 그럴까요? 여러 가지 이유가 있겠지만, 무엇보다 연결이 늘어나기 때문입니다. 예를 들어 보지요. 4명이 있는 집단 안에서 서로 연결 가능한 경우의 수는 몇 가지일까요? 점 네 개를 찍어 두고 연결해 보세요. 6가지입니다. 그런데 40명이 있는 집단이 되면 연결 가능한 경우의 수가 780가지로 크게 늘어납니다. 사람 수는 10배로 늘어났지만, 연결의 수는 100배 넘게 늘어난 겁니다. 이와 관련된 공식도 있습니다. n명의 경우에 연결 가능한 경우의 수는 n(n-1)/2입니다. 숫자 n이 커질수록 총 연결의 수는 기하급수적으로 늘어나는 구조입니다. 연결이 많을수록 창의성을 발휘하기 좋은 조건이 되는 거지요.

따라서 타인과 연결되고자 하는 인간의 욕구를 충족시켜 준 소셜 미디어는 우리의 창의성을 발휘하기 좋은 환경을 만들어 주기도 합니다. 누구나 접속할 수 있는 소셜 미디어에서는 공간의 제약이 없고 다양한 사람과 소통이 가능하기 때문이지요.

SNS 친구,
진짜일까?

　페이스북에는 '인맥 부자'들이 많습니다. 친구 한도 5,000명이 꽉 차서 더 이상 새로운 친구 맺기가 불가능한 이용자도 더러 있습니다. 소셜 미디어는 사용자에게 더 많은 사람과 친구를 맺고, 나의 정보를 더 많이 공유하라고 채근합니다. 사용자의 친구 관계를 분석해서 '당신이 알 만한 친구'나 '당신이 팔로우한 이들과 유사한 사람들' 등의 추천 서비스를 제공하지요. 연락처에 저장된 사람들을 친구 후보에 올리는 기능도 있습니다.

　소셜 미디어 덕분에 관계를 맺은 사람이 크게 늘어난 것은 확실합니다. 그런데 소셜 미디어 친구 목록에 있는 모두를 '진짜 친구'라고 말할 수 있을까요? 또한 친구와의 연결을 지속해 주는 소셜 미디어를 사용하면서 우리는 진정한 행복을 느낄까요?

인간이 마당발인 이유

영국 옥스퍼드대 진화생물학 교수 로빈 던바^{Robin Dunbar}는 1970
년대 아프리카에서 야생 원숭이들의 집단생활을 수년 동안 관찰
했습니다. 옹기종기 모여 있는 원숭이 무리의 사진을 본 적 있을
거예요. 이들은 서로의 털을 정성스레 다듬어 주는 그루밍을 하면
서 많은 시간을 보냅니다. 원숭이나 인간 같은 영장류는 강력한 유
대 관계로 이어져 있어요. 군집 생활을 하지만 유대 관계가 없는
개미나 벌과는 다르지요.

던바 교수는 원숭이와 침팬지의 사회를 연구해 대뇌 신피질의
크기가 집단의 크기를 결정한다는 사실을 알아냈습니다. 대뇌 신
피질은 대뇌 겉면에 위치해 있으며, 주로 의식적 사고를 담당합니
다. 인간이 복잡한 사회적 관계를 유지할 수 있는 이유가 여기에
있습니다. 인간은 그 어떤 동물보다 뇌가 크고 발달했기 때문에 규
모가 큰 집단 속에서 사는 거예요.

그렇지만 인간의 뇌 용량에도 한계가 있어서 사회적 관계를 무
한정 늘릴 수는 없습니다. 던바 교수는 '150명'이 평범한 한 개인
이 맺을 수 있는 사회적 관계의 최대치라고 주장하며, "한 사람에
게 진짜 친구는 150명을 넘을 수 없다."라고 말합니다. 여기서 '진

짜 친구'는 우리가 사귀면서 믿고 호감을 느끼는 사람을 의미합니다. 구체적으로는 갑자기 저녁 자리나 모임에 초대해도 전혀 어색하지 않은 사이를 말하지요.

던바 교수의 이론이 워낙 자주 인용되다 보니, 150을 이제 '던바의 수'라고 부릅니다. 아무리 새로운 기술을 통해 인맥이 확장되더라도, 진짜 친구의 숫자는 변화가 없다는 주장입니다. 그런데 왜 하필 150명인지 궁금하지 않나요?

진짜 친구는 150명까지다

'던바의 수 150'은 여러 집단에서 관찰되었습니다. 자연스럽게 형성된 수렵·채집 생활을 하는 원시 부족사회를 조사했더니, 평균 규모가 153명이었습니다. 이번엔 영국 시민들을 대상으로 한 사람이 크리스마스 카드를 몇 명에게 보내는지 조사해 봤습니다. 가족을 포함해 약 150명에게 카드를 보냈더군요. 로마 시대 로마군의 기본 전투 단위인 보병 중대는 약 130명, 현대 군대의 중대 단위도 3개 소대와 지원 병력을 합치면 130~150명입니다. 그 밖에도 기능성 섬유인 고어텍스를 만드는 기업, 고어(Gore)는 공장이 커지면 인력을 나눈다고 해요. 조직 단위를 항상 150명으로 운영하기 위해서지요. 약 150명의 집단이 이렇게나 많다니 신기하지 않나요?

그렇다면 남달리 친밀한 관계의 규모는 몇 명일까요? 12~15명입니다. 누군가 사망하는 등 큰일이 생기면 거의 정신을 잃을 정도로 상심하게 되는 관계를 말합니다. 예수의 제자들, 재판의 배심원단, 야구와 축구 같은 스포츠팀 등 한 몸처럼 움직여야 하는 집단은 대부분 12~15명 규모입니다. 이 중에서도 3~5명은 매우 어려운 상황에서 도움을 청할 수 있을 정도로 깊은 관계의 친구들입니다.

우리가 기꺼이 마음을 여는 대상은 결코 무한할 수 없습니다. 이것이 소셜 미디어라는 새로운 서비스가 도입되어도 던바의 수 법칙이 유효한 이유입니다. 우리의 시간과 관심이 한정되어 있잖아요. 던바 교수에 따르면, 페이스북 친구가 1,000명이 넘더라도 꾸준히 연락하는 사람은 150명에 불과합니다. 그중에서도 가깝게 소통하는 사람은 20명이 채 되지 않습니다. 페이스북 친구 수가 많다고 해서 인간관계가 그만큼 풍요로워지는 것은 아니에요. 친구가 늘어날수록 한 사람 한 사람에게 기울일 수 있는 관심은 줄어들어 오히려 피상적인 관계도 늘어나지요. 어때요? 던바의 수 법칙이 여러분의 인간관계에도 유효한가요?

SNS 끊으니 행복해졌습니다

사람은 누구나 행복을 추구합니다. 소셜 미디어를 사용하는 동기도 궁극적으로는 행복과 만족을 위해서입니다. 그런데 다음의 연구들은 소셜 미디어가 오히려 행복감을 떨어뜨린다고 말합니다.

2013년 미국 미시간대 연구진은 페이스북 이용자들의 이용 시간에 따른 감정 변화를 조사했습니다. 이들은 문자메시지를 통해 지금의 기분을 수시로 보고했습니다. 이용 시간과 감정은 어떤 상관관계를 가질까요? 페이스북에서 많은 시간을 보낼수록 행복감이 떨어진다는 결과가 나왔습니다. 이와 반대로 친구와 전화로 대화하거나 직접 만난 사람들은 행복감이 크게 높아졌습니다.

2019년 미국 뉴욕대와 스탠퍼드대 연구진의 페이스북 접속 중단 실험에서도 유사한 결과가 나왔습니다. 실험자들은 한 달간 페이스북 계정을 비활성화했습니다. 어떤 변화가 일어났을까요? 먼저 하루 평균 1시간의 여유가 생겼습니다. 실험자들은 이 시간을 친구나 가족들과 만나는 데 사용했다고 합니다. 또한 실험자의 행복감과 삶의 만족도도 높아졌습니다.

왜 SNS를 하면 할수록 불행해질까?

소셜 미디어와 잠시 멀어진 사람들의 행복 지수는 왜 높아졌을까요? 사람과 직접 소통하는 시간이 늘어나서이기도 하지만, 소셜 미디어가 주는 부정적인 감정에서 벗어난 영향이 더 큽니다. 2013년 한 독일 대학의 연구는 사람들이 페이스북에서 '부러움'의 감정을 가장 흔히 느낀다고 밝혔습니다.

여러분도 친구들이 올린 근사한 사진을 보며 부러웠던 적이 있을 거예요. 소셜 미디어에는 자랑하려는 목적으로 올린 게시물을 자주 발견할 수 있어요. 소셜 미디어라는 공간 자체가 평범한 일상보다 특별한 순간을 기록하기 위한 곳이기 때문이지요. 그렇기에 근사한 여행지에서 멋진 포즈를 취하는 사진, 유명한 식당에서 맛있는 음식을 먹는 사진 등을 자주 발견할 수 있습니다. 평범한 일상이라며 올린 사진도 연출된 경우가 많습니다. 보정과 포토샵을 거쳐 실제 모습보다 한결 멋지게 나온 것입니다. 이처럼 가장 멋진 모습과 자신의 성취를 자랑하고 싶은 개인의 욕구가 표출돼, 소셜 미디어에는 비일상적인 풍경이 가득하게 됩니다.

그런데 화려한 타인의 모습을 구경하다 보면 상대적 박탈감을 느끼게 마련입니다. 사실 이용자 대부분의 일상생활은 평범한 일들의 연속이지요. 소셜 미디어를 이용하면 할수록 누군가를 부러워하는 감정에 빠지고, 그들과 비교하게 되어 불행감을 경험할 수밖에 없습니다. 더군다나 소셜 미디어는 나의 지인 네트워크를 유명인으로까지 넓혔습니다. 예전에는 비교 대상이 눈에 보이는 주변 사람들뿐이었다면, 이제는 전 세계 유명인을 포함한 모든 사람이 되었습니다. 그러니 소셜 미디어를 적정 시간 사용하는 편이 정신 건강에 좋다는 결론을 내릴 수 있겠지요.

SNS,
그곳은 안전할까?

요즘 일반인 가운데 소셜 미디어 하나쯤 운영하지 않는 사람도 드뭅니다. 자신의 일상을 기록하기 위해 이용하는 사람도 있지만, 자기 과시나 홍보를 위해 열심히 게시물을 올리는 사람도 많지요. 특히 유명인들은 소셜 미디어를 자기 자신을 홍보하는 데 이용하는 경우가 대부분입니다. 소셜 미디어를 통해 팬들과 활발하게 소통하는 등, 대중에게 좋은 인상을 남기기 위해 노력하지요.

이는 기업도 마찬가지입니다. 소셜 미디어는 기업이 상품을 홍보할 수 있는 편리한 수단입니다. 매스미디어에 소개하려면 큰돈이 드는데, 페이스북 등 소셜 미디어는 적은 돈으로도 큰 홍보 효과를 볼 수 있거든요. 기업 입장에서야 '기회의 땅'이라고 할 수 있지요. 그런데 '소셜 미디어'라는 빛에는 그림자 또한 따라옵니다. 어떤 그림자냐고요?

도둑을 불러들이는 인증 사진

주말이나 휴가철이 되면 인천공항 인증 사진이 부쩍 늘어납니다. 태그하지 않아도 위치가 사진에 표시되지요. 스마트폰 내의 위성항법장치(GPS) 센서 덕분입니다. 그런데 소셜 미디어 친구들이 가족 여행 사진을 보며 부러움을 느끼는 사이, 누군가는 사악한 미소를 짓고 있습니다. 사실, 공항 인증 사진은 만인을 향해 '우리 집은 빈집'이라고 알린 셈이지요.

소셜 미디어를 통해 얻은 정보를 활용한 범죄는 여러 차례 발생했습니다. 미국에서는 도둑이 페이스북에 집을 비운다고 알린 사람들만을 골라 20여 차례 절도를 저지른 사건이 보도되었어요. 영국에서도 비슷한 일이 있었습니다. 한 도둑이 2주간 12명의 집을 털었다가 적발됐는데, 페이스북에 휴가 계획을 올린 사람들을 범행 표적으로 삼았다고 합니다. 우리는 휴가를 떠나기 전에 빈집이라는 사실을 들키지 않으려고 신문과 우유 배달을 중지시키고, 밤에는 전등을 자동으로 점멸시키는 등 노력을 하지요. 하지만 이와 동시에 소셜 미디어에 아무런 거리낌 없이 자신의 일정을 상세하게 공개하고, 실시간 위치 정보를 공유하는 실수를 저지르기도

합니다.

SNS에서 기승부리는 사이버 범죄

빈집 털이범 외에도 당신의 소셜 미디어를 주시하는 사람이 있습니다. 바로 해커입니다. A가 휴가를 떠났다고 가정해 봅시다. 해커는 먼저 A 지인의 연락처를 입수합니다. 그리고 A 지인에게 연락해 "휴가지에서 내가 위험에 빠져 급하게 돈이 필요하다"며 사기를 치는 것입니다. 갑자기 여행 간 가족이나 친구에게 이런 부탁을 받는다면 당황한 나머지 급히 돈을 부칠 수도 있겠지요? 구체적으로 어디에 있는지 물어봐도, 해커는 막힘없이 대답합니다. 소셜 미디어에 공유된 실시간 위치를 말하면 되기 때문입니다. 이렇듯 나의 정보를 낱낱이 소셜 미디어에 공유하는 것은 여러모로 위험한 일입니다.

소셜 미디어에서 실시간 위치 정보나 빈집을 노출하지 않으면 안심해도 되느냐고요? 아닙니다. 정보 유출의 위험은 늘 존재합니다. 문단속을 꼼꼼하게 해도 침입 자체가 불가능한 것은 아니듯이, 철벽 보안을 갖춘 금융기관에서도 해킹 피해가 일어나는 것이 현실입니다. 특히 요즘에는 '스미싱' 피해가 늘어나고 있습니다. 스미싱이란 문자메시지(SMS)와 피싱(phishing)의 합성어입니다. 멋모르고 문자메시지 내 인터넷 주소를 클릭하면, 악성 코드가 스마트폰에 설치돼 소액 결제가 되거나 개인 정보가 유출될 수도 있어요.

2020년 초, 스마트폰과 소셜 미디어에 저장하고 있던 사적인 정보가 유출돼 유명 연예인들이 큰 곤욕을 치렀습니다. 보안의 세계에서 방어 자체가 불가능한 무적의 벽은 없음을 보여 준 사건입니다. "$9e28434r"처럼 특수문자를 포함한 긴 자릿수의 복잡한 비밀번호를 사용하면 안전할까요? 사이트마다 동일한 비밀번호를 사용한다면 아무 소용이 없습니다. 해커는 이 점을 집중 공략합니다. 가장 보안이 취약한 사이트에 악성 코드를 심거나 해킹해서 비밀번호를 알아낸 뒤, 이를 이용해 다양한 사이트에 침투하는 식이지요.

마크 저커버그도 걸려든 해커의 덫

미국의 유명 배우 패리스 힐튼Paris Hilton도 해커에게 공격받은 적이 있습니다. 휴대전화에 저장된 친구들의 사진과 전화번호 등이 유출되었어요. 범인은 다름 아닌 십 대 소년이었습니다. 그는 어떻게 톱스타의 개인 정보에 접근할 수 있었을까요?

소년의 해킹 방법은 매우 간단했습니다. 우선, 힐튼의 클라우드 서비스를 목표로 삼았어요. 클라우드 서비스는 각종 데이터를 내부가 아닌 외부 서버에 저장하는 기능입니다. 사진, 연락처 등 웬만한 개인 정보는 클라우드에 저장할 수 있습니다. 어린 해커는 클라우드 계정에 손쉽게 로그인했습니다. 분실한 비밀번호를 찾으려 할 때, 가입 당시 설정한 질문의 답을 요구하잖아요. 힐튼이 설정한 질문은 "애완동물의 이름은 무엇입니까?"였습니다. 힐튼의 애완견 '팅커벨'은 여러 차례 언론에 소개된 유명견(犬)이었지요. 해커는 이 점을 노린 겁니다.

보안 전문가들은 해커를 '심리전 전문가'라고 말합니다. 해킹을 위해 공격 대상의 심리와 행동 습관까지 관찰하기 때문이지요. 정교하게 짜인 덫에 우리는 속수무책으로 당할 수밖에 없습니다. 스마트폰에 등장하는 링크를 별다른 의심 없이 클릭하는 것처럼요.

컴퓨터 전문가도 희생양의 예외는 아닙니다. 페이스북의 창업자 마크 저커버그Mark Zuckerberg도 2016년 해커에 의해 망신을 당한 적이 있습니다. 과거 해킹당한 비밀번호를 다른 사이트에서 재사용한 게 원인으로 지적되었습니다. 그 누구도 해커의 습격에서 안심할 수 없음을 알려 주는 사례입니다.

그러면 해킹에 맞서서 소셜 미디어를 최대한 안전하게 사용하는 방법은 무엇일까요? 사이트별로 다른 비밀번호를 사용하고, 자신의 생일이나 전화번호 등 유추하기 쉬운 조합은 피해야 합니다. 하지만 누누이 말했듯이, 해킹의 위협으로부터 완전히 자유로울 수는 없어요. 만약의 경우 노출되어도 문제를 최소화할 수 있도록 운영하는 것이 최선입니다. '온라인 세상에서 비밀은 없다'는 생각으로 문제가 될 만한 사적인 동영상이나 정보는 촬영도, 저장도 하지 않아야 합니다.

과거의 잘못, SNS에 '박제'되다

오래전 소셜 미디어에 남긴 글을 보고 '이불킥'한 경험, 다들 있나요? '오글거리는' 글이라면 부끄러움에 이불을 차면 그만이에요. 하지만 남을 공격하는 글은 얘기가 달라집니다. 소셜 미디어의 흔적 때문에 중대한 상황에서 발목이 잡힐 수도 있습니다. 오랜 기간 쌓아 온 공든 탑이 무너지는 것은 순식간이에요. 인간의 기억은 시간이 지날수록 희미해지지만, 인터넷상의 글은 거의 영구적으로 보존됩니다. 검색 기술도 갈수록 발달해 숨어 있던 정보와 댓글마저 나중에는 더 쉽게 발각됩니다.

  십 대 시절 자신의 소셜 미디어에 남긴 글 때문에 어른이 돼서 곤욕을 치른 사례를 살펴보겠습니다. 경남지방경찰청 소속의 한 경찰은 2011년 4월 갑자기 대기 발령 처분을 받았습니다. 사건의 발단은 7년 전으로 거슬러 올라갑니다. 경남 밀양에서 일어난 여중생 집단 성폭행 사건 당시, 그는 가해자 소셜 미디어 계정에 피해자인 여학생을 비방하는 글을 올린 겁니다. 이 사실이 뒤늦게 알려졌고, 성폭행 가해자를 두둔했던 학생이 경찰이 되었다는 사실에 많은 사람들은 분노했습니다. 그 경찰은 문제가 불거진 날 바로 경찰청 게시판에 사과문을 올려 용서를 구했습니다.

  하지만 누리꾼들의 분노는 쉽게 가라앉지 않았습니다. 경남지방경찰청 홈페이지는 당시 여러 차례 접속이 끊길 정도로 방문자가 폭주했어요. 이 게시판에는 400여 건에 이르는 항의 글이 쏟아졌습니다. 실명 확인을 거쳐야 글을 올릴 수 있는데도 말이지요. 철없던 시절의 잘못이라는 해명은 수용되지 않았고, 오히려 그의 과거 다른 행적들까지 게시판에 소환돼 비난의 대상이 됐습니다. 이쯤 되면 경솔한 행동을 한 과거의 자신을 탓할 수밖에요. 소셜 미디어에 글을 올릴 때 항상 신중해야 한다는 사실을 알려 주는 사례입니다.

이제 그만
나를 잊어 줘

　잠시 영화를 하나 소개하겠습니다. 이 영화는 소셜 미디어 시대를 사는 우리에게 '잊힐 권리'의 의미를 되묻는데요. 바로 〈레미제라블(Les Miserables)〉(2012, 톰 후퍼 감독)입니다. 주인공 장발장은 빵을 훔친 죄로 감옥에 들어간 뒤, 잇단 탈옥 시도로 19년이나 옥살이를 합니다. 마침내 형기를 마치고 세상에 나왔지만, 그는 한 끼 식사와 잠잘 곳도 구할 수 없었습니다. 전과자라는 낙인 때문이었어요. 결국 장발장은 이름을 '마들렌'으로 바꾸고, 자신의 과거와 단절합니다. 이후 기업가로 성공하여 가난한 이들을 돕습니다. 마들렌은 프랑스혁명기 때 위험을 무릅쓰고 시민들을 여러 차례 구조합니다. 선행이 알려지자 시민들의 지지를 얻어 시장에까지 당선되지요. 장발장이 전과자라는 낙인을 지우고 과거와 벗어났기에 가능한 일이지 않을까요?

장발장이 21세기 사람이라면?

영화에서 현실로 돌아와 봅시다. 장발장 같은 전과자가 자신의 과거를 말끔히 지우는 일이 가능할까요? 완전히 불가능한 것은 아닙니다. 1789년 제정된 프랑스 형법에는 '형의 실효'라는 제도가 있습니다. 이는 형이 집행되고 일정 기간이 지나면 형벌의 소멸을 규정하는 제도입니다. 전과자로 겪어야 할 각종 제약이나 불이익을 없애 주고, 정상적인 사회 복귀를 지원하기 위해 만들어졌어요. 전과자라는 꼬리표 때문에 사회에 적응하지 못하면 다시 범죄에 손댈 가능성이 크기 때문이지요. 이는 우리나라도 마찬가지예요. '형의 실효 등에 관한 법률'을 두어서, 특정한 조건을 충족하면 자동으로 전과 기록이 삭제됩니다.

특히 청소년 범죄에 따른 형벌은 '낙인 효과'를 최소화하려 합니다. 낙인 효과는 과거의 좋지 않은 경력이 현재의 인물 평가에 미치는 부정적인 영향을 말해요. 낙인 효과로부터 범죄를 저지른 청소년을 보호하는 이유는 성인이 된 후 새로운 인생을 살아가도록 보장하는 것이 사회 안정에 도움이 된다는 취지에서입니다.

〈레미제라블〉이 2020년을 배경으로 한다고 가정해 보겠습니다. 장발장이 마들렌으로 이름을 바꾸더라도 성공하지 못했을 수 있어요. 과거 소셜 미디어에 남긴 글과 사진이 발목을 잡아 신분이 탄로 날 수 있기 때문이지요. 꼭 장발장과 같은 전과자가 아니더라도, 다양한 이유로 자신의 과거를 지우고 싶은 사람들이 있습니다. 과거의 굴레에서 벗어나 새 출발하기를 원하는 누구나 '잊힐 권리'를 주장할 수 있습니다. 하지만 우리의 과거가 낱낱이 기록되는 디지털 시대에는 그러기 쉽지 않습니다.

'정효주'와 달리 잊히지 못한 '한공주'

불행한 사건에서 벗어나기 위해 의도적으로 과거와의 단절을 시도하는 경우도 있습니다. 오래전 한국 사회를 놀라게 한 정효주 양 유괴 사건이 그중 하나입니다. 1979년, 초등학생이던 정효주 양이 아침 등굣길에 납치됩니다. 납치범은 부모에게 딸의 목소리를 녹음한 테이프를 보내고, 1억 5,000만 원을 요구합니다. 당시 물가를 고려하면 엄청나게 큰돈이지요. 대통령이 긴급 담화까지 발표할 정도로 세상이 떠들썩했습니다.

유괴 사건에 대통령까지 나선 이유는 무엇일까요? 정효주 양이 반년 만에 두 번이나 납치됐기 때문이에요. 흔한 일이 아니지요. 1년 전 납치되었다가 부모 품으로 돌아온 지 겨우 7개월 만이었습니다. 납치범이 정효주 양을 다시 표적으로 삼은 이유는 1차

구출 뒤, 언론을 통해 신상 정보와 사진이 널리 알려졌기 때문입니다. 정효주 양은 부유한 기업가의 외동딸이었어요. 다행히 효주 양은 2차 납치에서 다시 극적으로 살아 돌아옵니다. 구출된 뒤에 부모님이 제일 먼저 한 일이 있습니다. 사람들의 관심을 피하기 위해 딸의 이름을 바꾼 거예요. 1970년대는 지금처럼 인터넷이 활성화되지 않은 시기라서 이름을 바꾸는 것만으로 몸을 숨기고 신변을 보호할 수 있었습니다.

2000년대로 와 보지요. 〈한공주〉(2014, 이수진 감독)는 2004년 밀양의 고교생 집단 성폭행 사건을 소재로 합니다. 피해 여학생은 이름을 '한공주'로 바꾸고, 다른 지역의 학교로 전학을 갑니다. 고통에서 조금이라도 벗어나기 위해서입니다. 공주는 전학 간 학교에서 아카펠라 동아리에 들어가고 새 친구도 사귑니다. 새 인생을 살 수 있을 것만 같았어요. 그런데 문제가 생깁니다. 친구가 공주의 노래하는 동영상을 인터넷에 올린 거예요. 해당 동영상을 가해 학생들의 부모가 보게 되고, 공주는 그토록 벗어나고 싶어 했던 가해자 집단을 다시 마주하게 됩니다.

디지털 시대에 사는 우리는 웬만해서는 과거로부터 쉽사리 벗어날 수 없습니다. 〈한공주〉의 공주처럼 자발적으로 나를 공유하지 않아도, 타인에 의해 나의 정보가 노출될 수 있지요. 모든 것을 공유하는 소셜 미디어 시대에는 단순히 이름을 바꾸는 것만으로

나의 흔적을 지우기 어렵습니다.

중요한 순간에 발목 잡는 SNS

잊히지 않는 과거는 중요한 순간에 우리의 발목을 잡기도 합니다. 2019년 미스 미시간 선발대회에서 우승자가 대회 사흘 만에 자격을 박탈당하는 일이 있었습니다. 우승자가 과거 소셜 미디어에 남긴 글 때문이었어요. 그녀는 대회 1~2년 전 트위터에서 정치적인 발언을 한 적이 있었습니다. 조직 위원회는 이를 '공격적이고, 인종주의적인 발언'이라며 문제 삼았던 거예요. 또한 대회 참가자는 좋은 성품도 갖춰야 한다면서 "소셜 미디어 계정에서 해당 대회의 참가를 언급한 모든 글을 삭제하라"고도 지시했습니다.

'취준생'들에게도 인터넷에 남긴 글이 뜻밖의 걸림돌이 되기도 합니다. 국내외의 기업 중에는 지원자의 소셜 미디어를 살펴보는 경우가 종종 있습니다. 소셜 미디어의 게시물이 그 사람의 됨됨이를 판단하는 데 도움이 된다고 생각하기 때문입니다.

실제로 국내 한 인재 채용 업체 관계자는 "공식 기록으로 나타나지 않는 지원자의 유용한 단서를 인터넷 검색을 통해 많이 얻게 된다"고 말합니다. 페이스북 같은 소셜 미디어는 누가 어떤 그룹에 속해 누구와 어울리는지도 알려 주거든요. 마이크로소프트가 미국, 영국, 독일, 프랑스 등 4개국 100대 기업 인사 담당자를 상대로

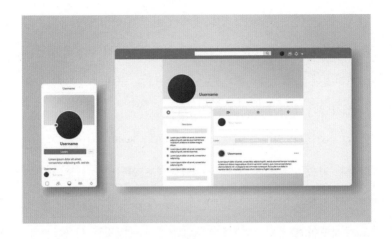

조사한 결과, 응답자의 70%가 '구직자의 인터넷 활동을 살펴본 뒤 입사를 거부할 수 있다'고 답변했습니다.

구글 전 회장 에릭 슈미트Eric Schmidt는 이런 상황을 예견한 걸까요. 그는 2010년 "앞으로 청소년들은 성인이 되는 순간 자신의 디지털 과거로부터 벗어나기 위해 모두 이름을 바꿔야 할지 모른다."라고 했습니다. '구글링'으로 모든 것이 검색되는 세상에서의 새출발은 새로운 '아이디'를 부여하는 방법밖에 없다는 말입니다.

디지털 장의사가 필요한 세상

다양한 이유로 디지털 공간의 흔적을 지우고 싶은 사람들을 위해 '디지털 클린' 서비스도 등장했습니다. 미국에서는 인터넷에 떠돌아다니는 자신의 기록을 지워 주는 사업이 성행하고 있습니다.

한 달에 수십만 원을 내면 인터넷에서 자신이 어떻게 언급되는지를 알려 주고, 추가 비용을 지급하면 검색엔진에서 부정적 정보를 삭제하거나 감춰 주는 서비스도 제공합니다. 국내에서도 이와 유사한 사업이 운영 중이라고 합니다.

구글에 직접 자신의 기록을 지워 달라고 소송을 제기한 스페인 남성도 있습니다. 그는 '부채를 갚았는데도 인터넷 검색 결과에는 여전히 자신의 이름이 연체자로 표시돼 사생활 침해를 받고 있다'고 주장했어요. 유럽사법재판소(ECJ)는 2014년 "구글 사용자는 검색 결과의 삭제를 요구할 권리를 갖고 있다"며 구글에 이 남성의 부채와 관련된 개인 정보를 삭제하도록 명령했습니다. '잊힐 권리'를 최초로 인정한 획기적인 판결입니다. 부적절하거나 프라이버시를 침해하는 개인 정보는 당사자가 요청하면 인터넷 검색에서 삭제해야 한다는 겁니다.

우리가 잊어버리고 싶은 기억과 벗어나고픈 과거에서 탈출하기 위해 스페인 남성처럼 구글에 삭제 요청을 하면 되지 않느냐고요? 구글이 모든 요청을 수용하는 것은 아닙니다. 구글에 따르면 2014년 법적으로 '잊힐 권리'가 인정된 이후 개인 정보 삭제 요청이 약 65만 건, 이와 관련된 웹 사이트 링크 숫자가 240만 건가량 접수됐는데, 이 중 43.3%의 정보만 삭제했다고 밝혔습니다. 인터넷과 소셜 미디어가 없던 시절에는 과거를 단절하고 새로운 인생을 선택하는 길이 여럿 있었습니다. 멀리 이사를 가면 자연히 기존의 인간 관계로부터 단절되어 새로운 관계로 구성된 삶을 사는 것도 가능했습니다. 그런데 이제 개인은 어디를 가든 소셜 미디어를 통해 항상 연결되어 있습니다. 모두와 연결된 세상에서 개인이 과거와 작별하고 새로운 인생을 살아가기란 매우 어려워졌습니다.

**** 쓸모 있는 TMI ****

소셜 미디어계의 조상, '싸이월드(cyworld)'를 아나요?
지금 페이스북이 있다면, 2000년대는 싸이월드가 있었습니다. 싸이월드는 이용자가 꾸민 '미니홈피'를 서로 방문하는 서비스입니다. 이용자끼리 '1촌 맺기'를 통해 친구가 됐지요. 당시 가입자 수가 3,200만 명에 달했으니, '국민 SNS'라고 부를 만하지요? 그러나 최고의 인기를 누리던 싸이월드는 이후 페이스북, 트위터 등 글로벌 서비스가 국내에 들어오면서 설 자리를 잃게 됩니다. 2019년에는 폐쇄 위기에까지 처하게 됐지요. 사용자들이 자신의 추억이 담긴 사진과 글을 백업할 시간을 달라고 요구하자, 싸이월드는 문 닫는 시기를 2020년 11월까지 늦추기로 했습니다.

슬기로운 SNS 활용법

인터넷과 소셜 미디어는 그 자체로 선하거나 악한 것이 아니에요. 사용 환경과 용도에 따라 소셜 미디어는 유용할 수도, 위험할 수도 있습니다. 우리는 소셜 미디어를 유용한 도구로 사용해야겠지요? 그렇다고 사용법을 달달 익힐 필요는 없어요. 소셜 미디어가 나에게 어떤 영향을 끼치는지, 또한 나를 넘어 우리 사회에 어떤 변화를 가져오는지 생각해 보는 게 중요합니다. 아래 사용법을 유념해서 소셜 미디어를 똑똑하게 사용해 봅시다.

① 소셜 미디어 친구가 많다고 행복한 것은 아냐!

여러분은 페이스북이나 트위터 등 소셜 미디어에 얼마나 많은 친구가 있나요? 150명이 넘는다고요? 무 자르듯 150명까지만 진짜 친구라고 단언할 수는 없습니다. 하지만 던바 교수의 주장에 따르면, 인간의 주의력은 한계가 있기 때문에 친구를 무한히 늘리지는 못합니다. 소셜 미디어라는 도구를 활용해도 말이지요. 따라서 소셜 미디어상의 친구 수가 적다고 우울해하거나, 많다고 우쭐할 필요는 없습니다. 소중한 친구들 몇몇과 꾸준히 소통하며 깊은 관계를 이어 가는 것이 현실적이고 현명한 방법입니다.

혹시 소셜 미디어의 친구들 사진을 둘러보며 강렬한 부러움에 사로잡히지는 않나요? 타인과 자신의 모습을 비교하며 우울해지기까지 한다면, 비활성화를 하는 등 잠시 접속을 중단하는 것도 하나의 방법이에요. 현실에서 가족이나 친구와 대화하는 시간을 늘리면 행복감도 늘어나기 때문이지요. 이는 앞서 살펴보았듯이, 여러 연구에서 증명된 결과입니다.

② 무심코 올린 내 글과 사진, 누구나 볼 수 있다

일단 소셜 미디어에 올린 글과 사진은 모든 사람이 볼 수 있음을 명심해야 합니다. 인터넷에 나의 정보를 올리는 순간, 이는 더 이상 나만의 것이 아닌 거예요. 친구 공개로 제한해서 올리거나, 10분 만에 삭제해도 마찬가지입니다. 친구 사진을 허락 없이 공유하거나, 친구가 불쾌하게 느낄 만한 사진도 올려서는 안 됩니다. 잠시 뒤에 삭제한다면서 한 사람에게만 보낸 글과 사진이 평생토록 그 사람의 발목을 잡는 경우도 드물지 않습니다. 난 유명인이 아니니까 걱정할 필요 없다고 생각해서도 안 됩니다. 평범한 사람도 포털 검색창에 등장할 수 있는 세상이기 때문이지요. 또한 우리가 앞으로 어떤 인생을 살게 될지 모릅니다. 여러분이 나중에 언론의 검증을 받게되는 중요한 자리에 오를 수도 있잖아요.

사람의 기억력은 오래가지 않지만, 인터넷의 기억력은 무한합니다. 아무리 오랜 시간이 흘러도 망각되거나 희미해지지 않는 게 '디지털 기억'의 속성입니다. 내가 일단 쓴 글은 수십 년이 지나도 남아 있지요. 게시물을 올리기 전 수십 년 뒤에 들춰 봐도 문제가 없는 내용인지 한 번 더 생각해 봐야 하겠지요?

두 번째 이야기.
유튜브
#알고리즘 #표현의 자유

2

FANFEST

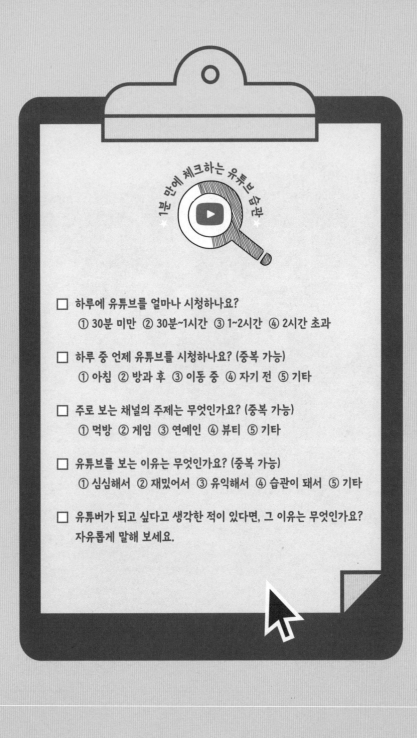

1분 만에 체크하는 유튜브 습관

□ 하루에 유튜브를 얼마나 시청하나요?
　① 30분 미만　② 30분~1시간　③ 1~2시간　④ 2시간 초과

□ 하루 중 언제 유튜브를 시청하나요? (중복 가능)
　① 아침　② 방과 후　③ 이동 중　④ 자기 전　⑤ 기타

□ 주로 보는 채널의 주제는 무엇인가요? (중복 가능)
　① 먹방　② 게임　③ 연예인　④ 뷰티　⑤ 기타

□ 유튜브를 보는 이유는 무엇인가요? (중복 가능)
　① 심심해서　② 재밌어서　③ 유익해서　④ 습관이 돼서　⑤ 기타

□ 유튜버가 되고 싶다고 생각한 적이 있다면, 그 이유는 무엇인가요?
　자유롭게 말해 보세요.

유튜브의
역사

"텔레비전에 내가 나왔으면 정말 좋겠네, 정말 좋겠네. 춤추고 노래하는 예쁜 내 얼굴, 텔레비전에 내가 나왔으면 정말 좋겠네, 정말 좋겠네."

혹시 이 노래, '음성 지원' 되나요? TV에 등장해 주목을 받고 싶은 아이들의 소망이 가사에 담겨 있습니다. 이 동요가 나온 30년 전, TV는 세상을 보여 주는 거대한 창이었습니다. 저녁이 되면 온 식구가 TV 앞에 둘러앉아 뉴스도 보고, 드라마도 보고, 오락 프로그램도 함께 시청하곤 했지요. TV에 등장한다는 것은 '대스타'가 됨을 의미했어요. 그런데 요즘 아이들도 TV에 나오길 바랄까요?

예전만큼은 아닐 겁니다. TV 외에 유명해질 수 있는 다른 통로가 생겼기 때문이에요. 바로 '유튜브'입니다.

제 꿈은 유튜버예요

유튜브 붐은 초등학생들이 꿈꾸는 인기 직업 순위에도 지각변동을 일으켰습니다. 2018년 교육부의 조사에서 많은 초등학생들이 유튜버를 꿈꾸고 있다는 사실이 드러났어요. 유튜버는 운동선수, 교사, 의사, 요리사에 이어 5위를 차지했습니다. 2019년엔 유튜버 인기 순위가 더 높아져, 의사를 밀어내고 3위로 껑충 뛰어올랐습니다.

2017년 EBS가 시행한 조사에서는 초등학생들이 가장 닮고 싶은 인물로 '초통령' 유튜버 도티가 3위에 꼽혔습니다. 1위 김연아, 공동 2위 세종대왕과 유재석에 이어서 말입니다. 도티의 인기를 실감할 수 있겠지요?

초등학생들만 유튜버를 꿈꾸는 것은 아닙니다. 유튜버의 세계에서 나이는 숫자에 불과합니다. 네다섯 살 꼬마부터 칠십 대 노인까지 나이의 스펙트럼은 다양해요. 세계가 인정한 '한국 할머니(Korean grandma)' 박막례 유튜버, 다들 알지요? 당시 구글 최고 경영자 선다 피차이 Sundar Pichai 가 만나고 싶다고 초청해 미국 본사까지 다녀오셨대요. 아이부터 노인까지 어떻게 유튜버로서의 삶을 꿈꾸게 되었을까요? 유튜브가 지금처럼 막강한 영향력을 행사하기 전, 유튜브의 '꼬꼬마 시절'도 궁금하지 않나요?

동영상을 마음껏 보게 해 준다니, 말이 되는 소리야!

유튜브는 2005년 미국에서 처음 등장한 서비스입니다. '동영상 콘텐츠를 전 세계 사람들에게 무료로 서비스하겠다'는 포부와 함께 서비스를 시작했어요. 일단 사람들의 눈길은 끌었지만 별로 성공할 것으로 여겨지지는 않았습니다. 동영상은 돈이 많이 드는 서비스잖아요. 값비싼 대형 서버를 장만하고, 대용량의 초고속 인터넷 회선을 갖춰야 끊김 없이 동영상을 서비스할 수 있지요. 그런데 서비스 요금도 받지 않고 오직 광고로만 돈을 벌겠다니! 기댈 곳은 광고뿐인데, 이마저도 순탄치 않았습니다. 이용자가 많지 않으니 자연히 광고 수익 전망도 어두웠지요.

문제는 이뿐만이 아니었습니다. 유튜브가 등장한 2005년은 스마트폰이 없던 시절이었습니다. 상상이 가나요? 그때는 동영상을 보려면 책상 앞에서 개인용 컴퓨터나 노트북을 이용해 인터넷에 접속해야 했습니다. 지금처럼 수시로 영상을 감상하기 어려웠어요. 스마트폰만 있다고 동영상을 맘껏 볼 수 있는 것도 아닙니다. 통신 환경도 중요하지요. 이때만 해도 고화질 동영상 서비스가 어려운 통신 환경이었습니다. 느린 데다 데이터 통신 요금도 비쌌어요. 5G 시대인 지금에 비해 통신 속도가 빠르지도 않았지요. 유튜브 영상 역시 화질도 낮고, 콘텐츠도 많지 않았습니다. 320×240 픽셀 한 가지 포맷으로만 서비스되었어요. 통신 환경에 따라 동영상이 자주 멈추기까지 했습니다.

그런데도 구글은 2006년 '돈 먹는 하마' 유튜브를 인수합니다. 인수 가격은 16억 5,000만 달러(약 2조 원)에 달했습니다. 어마어마하지요? 구글이 인수한 기업 중에서도 거액입니다. 구글은 유튜브를 인수한 뒤 더 공격적으로 투자를 하고 구글의 대표적인 서비스로 키워 나갑니다. 구글의 안목, 정말 대단하지 않나요?

유튜브, 스마트폰을 등에 업고 훨훨 날다

시간은 결국 유튜브 편이었습니다. 애플의 아이폰이 2007년 미국에 처음 등장했고, 우리나라에도 2009년 11월에 출시됐습니다. 스마트폰이 예상보다 훨씬 빠르게 보급되면서, 전 세계에서 '모바일 혁명'이 일어났습니다. 스마트폰은 역사상 가장 빨리 많은 사람들에게 퍼져 나간 기기입니다.

통신 속도 또한 점점 빨라져, 사람들은 고화질 영상을 끊김 없이 볼 수 있게 됐어요. 이제 사람들은 개인용 컴퓨터 대신 스마트폰을 통해서 거의 모든 것을 할 수 있게 되었지요. 이에 발맞춰 유튜브의 콘텐츠도 무한히 늘어나기 시작했습니다. 요리, 뷰티, 게임,

음악, 댄스, 스포츠, 먹방 등 안 다루는 분야가 없습니다. 사람마다 관심사가 다양하니까요.

너도나도 스마트폰을 갖게 되자 유튜브 이용 시간이 폭발적으로 늘어났습니다. 버스나 지하철에 타면 주위를 둘러보세요. 다들 스마트폰 화면을 들여다보고 있지 않나요? 그중 유튜브를 시청하는 사람도 쉽게 발견할 수 있고요. 잠시 기다리는 자투리 시간도, 할 일 없는 심심한 시간도 모두 스마트폰을 이용하는 시간으로 바뀌었습니다. 심지어는 걸어 다니면서도, 소중한 사람과 함께하는 동안에도, 잠자리와 식탁에서도 스마트폰을 손에서 떼지 못합니다. 다들 '스몸비'가 되어 가고 있어요. 스몸비는 스마트폰(smartphone)과 좀비(zombie)의 합성어로, 스마트폰 화면을 들여다보느라 길거리에서 고개를 숙이고 걷는 사람을 시체 걸음걸이에 빗대어 일컫는 말입니다. 2019년 앱 분석업체 와이즈앱에 따르면, 유튜브는 모든 세대가 가장 오랜 시간 이용하는 앱이라고 합니다.

유튜브가 순전히 '스마트폰' 덕만 본 것은 아닙니다. 유튜브 자체에서도 이용자 환경을 끊임없이 개선하기 위해 노력했어요. 2007년 유튜브는 콘텐츠 창작자가 유튜브와 광고 수익을 나눠 갖는 시스템을 도입했습니다. 조회 수와 구독자 수가 일정 기준을 넘으면 돈이 지급되는 구조예요. 인기 콘텐츠를 올리면 구독자가 늘어나 돈을 벌 수 있을 것이라는 기대가 생겨나면서 많은 창작자들이 몰려들기 시작했습니다. 창작자와 이용자의 증가가 선순환을 이뤘고, 유튜브는 빠른 속도로 성장했습니다.

유튜브의 시청자는 77억 명의 지구인

다들 싸이의 〈강남스타일〉 알고 있지요? '오빠 강남스타일' 리듬에 맞춰 말춤을 춰 보기도 했을 거예요. 싸이는 이 노래로 2012년 미국 음반 시장에 진출했고, '빌보드 핫 100' 2위에 오르는 쾌거를 이뤄 냈어요. 강남스타일은 국내 시장을 염두에 둔 노래였는데도 말이지요. 미국 언론 인터뷰에서 싸이는 "한국인들 보라고 유튜브에 올렸을 뿐인데, 60일 만에 강제로 끌려와 여기에 있다."라고 했습니다. 강남스타일 열풍은 유튜브의 세계적인 영향력을 보여 줍니다.

유튜브 이전에도 외국 콘텐츠를 볼 수 있었지만, 지금처럼 쉽게 접할 수는 없었어요. TV를 통해 보려면 위성 안테나를 설치해야 했고, 그게 아니면 인터넷을 샅샅이 뒤져야만 했지요. 자막이 제공되지 않는 경우도 많아서, 해당 외국어를 모르면 이해할 수 없었어요. 요즘은 유튜브에서 클릭 한 번으로 전 세계 콘텐츠를 시청할 수 있습니다.

특히 노래와 춤은 영화나 드라마보다 더 빠르게 퍼졌어요. 원래 콘텐츠는 자국의 언어로 만들어지기 때문에 다른 언어권의 사람들이 받아들이기 어렵습니다. 나라마다 언어, 문화 등이 다르잖아요. 하지만 노래와 춤은 해당 언어를 이해하지 못해도 즐길 수 있습니다. 외국인들이 〈강남스타일〉의 춤을 따라 추는 모습을 보면, 언어의 장벽이 전혀 느껴지지 않지요? 그런데 이제는 영화, 드라마, 예능처럼 언어가 중요한 콘텐츠들도 점점 더 많이 세계적으로 공유되고 있어요. 자동번역 서비스가 생겨났고, 날이 갈수록 유튜브의 음성인식 기술이 발전하기 때문이지요.

유튜브의 세계화와 관련해서 재밌는 일화가 또 있습니다. 코난 오브라이언Conan O'Brien이라고 들어 본 적 있나요? 그는 미국 3대 토크쇼 중 하나인 〈코난〉의 진행자입니다. 미국에선 매우 유명한 인물이지만, 국내에서는 대중적이지 않지요. 그의 프로그램이 국내 방영된 적이 없기 때문이에요. 그런데 2016년, 코난이 인천공항에 내리자 수백 명의 팬들이 그를 반겼습니다. 코난은 팬들의 환호성을 듣고 깜짝 놀랐지요. 어떻게 된 일일까요? 팬들은 유튜브로 코난 쇼를 봤다고 말했습니다. 실제로 유튜브에 코난 쇼를 검색하면 한글 자막이 포함된 영상을 볼 수 있습니다. "미래는 미디어 기술로 인해 지구촌이 될 것"이라는 캐나다 미디어 학자 마셜 매클루언 Marshall McLuhan의 예언을 유튜브가 실현시키고 있습니다.

우리가 유튜브에
빠지는 이유

지금까지 유튜브의 성장 과정을 훑어봤습니다. 유튜브의 성공 비결에 대해서도 살펴보았고요. 사실 유튜브가 성공할 수밖에 없었던 이유는 더 많습니다. 유튜브의 진짜배기 매력은 매스미디어와의 차이점에서 나옵니다. 오늘날의 '유튜브 현상'은 좀 더 큰 틀에서 바라볼 필요가 있습니다. 유튜브를 포함한 1인 미디어는 매스미디어와 어떻게 다를까요?

문턱이 낮은 유튜브

매스미디어는 신문, TV, 라디오, 영화를 통틀어 부르는 말입니다. 보통 대중매체라고 하지요. 매스미디어는 정보가 한 방향으로만 전달되는 특징을 지닙니다. 이는 정보를 전달하는 송신자와 받아들이는 수용자의 경계가 분명함을 의미합니다. 매스미디어 시대에서는 소수의 신문사와 방송사만이 대중에게 정보를 전달할 수 있었어요. 매스미디어가 조명하지 않으면 어떤 이야기도 널리 알려지기 힘들었지요. 그리하여 매스미디어는 여론을 좌우하는 힘을 갖게 됐습니다.

이러한 강력한 힘을 지닌 매스미디어의 일원인 기자, 피디, 아나운서 등이 되려면 '언론 고시'라 불리는 입사 시험을 통과해야 합니다. 수백 대 일의 경쟁률을 뚫은 소수의 사람만이 합격하게 됩니다. 아예 언론사나 방송사를 세워 버리면 되겠다고요? 막대한 자본과 전문 인력이 필요하기 때문에 언론사를 설립하고 운영하는 것도 쉽지 않지요.

이와 달리 1인 미디어인 유튜브에는 '누구나' 뛰어들 수 있습니다. 유튜버가 되기 위해 시험을 친다는 말은 못 들어 봤지요? 게다가 유튜브를 하기 위해서는 막대한 비용이 필요하지도 않습니다. 2019년 한국노동연구원에 따르면, 유튜버의 약 76%가 콘텐츠 1편당 10만 원 미만의 제작 비용이 든다고 답했습니다. 스마트폰과 컴퓨터만 있으면 생방송 진행자 겸 제작자가 될 수 있어요.

또한 1인 미디어는 쌍방향 의사소통이 쉽습니다. 매스미디어와의 가장 큰 차이점이지요. 여러분은 유튜브 등에서 '라방'(라이브 방송)을 본 적이 있을 거예요. 1초에도 수십 개의 댓글이 달리고, 출연자는 실시간으로 질문에 답하지요. 1인 미디어의 쌍방향성은 실시간으로 대화를 주고받는 것 이상의 의미입니다. 정보 송신자와 수용자 사이의 경계가 희미해져, 시청자도 마음만 먹으면 콘텐츠 제작자가 되는 것이 가능해졌습니다. 1인 미디어의 대중화로 나만의 방송국을 세우는 세상이 열린 겁니다.

유튜브에는 없는 게 없다!

이번엔 콘텐츠의 스펙트럼을 비교해 봅시다. 매스미디어와 1인 미디어가 다루는 콘텐츠는 어떻게 다를까요? 매스미디어가 전달하는 콘텐츠는 주로 뉴스, 드라마, 스포츠 경기, 유명 연예인의 일상 등입니다. 대다수가 좋아하는 오락물이거나 살아가는 데 꼭 필요한 정보에 해당합니다. 매스미디어는 소수보다 다수의 취향에 맞는 콘텐츠를 선보입니다. 그 이유는 바로 광고 수익 때문입니다. 대중적인 콘텐츠를 만들어야 시청률이 높게 나오고, 그래야 기업이 광고를 의뢰할 테니까요.

1인 미디어도 더 많은 사람들이 영상을 시청하고 조회 수가 높아질수록 광고 수익이 늘어납니다. 하지만 1인 미디어 제작자는 자신의 관심 분야를 먼저 고려합니다. 왜 그럴까요? 매스미디어는 하나의 기업이기 때문에 이윤을 꼭 남겨야 하지만, 1인 미디어는 그럴 필요가 없기 때문이지요. 전업 유튜버보다 취미로 콘텐츠를 제작하는 유튜버가 더 많잖아요. 경제적 부담이 없으니 좀 더 자유롭게 콘텐츠를 선택할 수 있는 거지요. 또한 1인 미디어는 전 세계에서 시청이 가능하기 때문에, 소수 대상의 방송을 해도 예상 이외의 성공을 거둘 수 있습니다. 대한민국 인구 5,000만이 아닌, 세계 인구 77억 명이 내 채널의 잠재적인 시청자랍니다.

1인 미디어의 콘텐츠가 다양할 수 있는 또 하나의 이유가 있습니다. 매스미디어에 비하면 1인 미디어에서 콘텐츠를 제재하거나 검열하는 정도가 약하기 때문입니다. 매스미디어는 사전에 품질을 엄격하게 관리하는 시스템을 거칩니다. 지상파방송에서 폭력이나 노출이 심한 장면, 욕설 등 방송에 부적절한 내용이 나가면, 큰 논란이 됩니다. 방송통신심의위원회라는 정부 기구의 징계를 받게 되고, 심한 경우엔 방송 허가를 취소당할 수도 있습니다. 남녀노소 가리지 않고 수많은 사람들이 동시에 신뢰하고 보기 때문에 이렇게 엄격한 기준을 적용하는 거예요. 유튜브도 이러한 조치가 전혀 없지는 않습니다. 최근 유튜브는 운영 기준에 위배되는 콘텐츠에 '노란 딱지'를 붙이며 품질을 관리하고 있지만, 여전히 제재 수준은 매스미디어보다 낮습니다. 유튜브와 같은 1인 미디어 사업자는 제작자에게 상당한 자율권을 부여하고 있습니다.

유튜브는 누구나 다양한 주제에 대해 자신만의 정보를 공유하고, 무료로 이용할 수 있는 곳입니다. 인기를 얻으면 돈을 벌 수 있으니 콘텐츠의 품질도 갈수록 좋아지고요. 유튜브 최고 경영자 수전 워치츠키Susan Wojcicki의 2019년 인터뷰에 따르면, 유튜브에는 1분마다 500시간 분량의 동영상이 업로드되고 있습니다.

왜 유튜브 켜면 시간이 '순삭' 될까?

"유튜브 딱 10분만 보고 꺼야지." 했는데 어느새 1시간을 훌쩍 넘긴 경험 다들 있나요? 고개를 끄덕이는 여러분의 모습이 눈에 선합니다.

2019년 한 조사에 따르면, 십 대들의 유튜브 시청 시간은 한 달 평균 41시간 이상입니다. 하루로 따지면 1시간 20분 정도입니다. 우리를 오랜 시간 붙잡아 두는 유튜브만의 매력은 무엇일까요?

첫 번째는 검색 기능입니다. 유튜브를 인수했던 구글은 세계 최고의 검색엔진입니다. 유튜브의 검색 기능이 뛰어날 수밖에 없지요. 유튜브를 검색엔진과 다름없이 사용하는 젊은 세대가 많다는 사실이 이를 입증합니다. 왜 검색 기능이 사용자에게 중요할까요? 인터넷에는 정보가 홍수처럼 쏟아지기 때문입니다. 검색이 제대로 되지 않는다면, 나에게 알맞은 정보를 골라내기 위해 여러 과정을 거쳐야 합니다. 유튜브는 신속하고 정확하게 정보를 찾아 주기 때문에 이용자들이 믿고 쓸 수 있습니다. 물론 유튜브 이전에도

'판도라TV' 등 동영상 사이트는 많았습니다. 실시간 방송이 특징인 '아프리카TV'도 있고요. 하지만 유튜브의 검색과 맞춤형 추천 기능은 이들보다 월등히 뛰어납니다. 유튜브로는 실시간 방송을 시청할 수 있을 뿐만 아니라 종료된 영상도 손쉽게 검색할 수 있지요.

두 번째는 추천 알고리즘입니다. 관심 있을 만한 영상을 추천해 주는 서비스예요. 콘텐츠가 너무 많으면 어떤 것을 봐야 할지 혼란이 오게 됩니다. 특별히 관심 있는 주제가 없을 수도 있고요. 이러한 이용자도 일단 유튜브에 접속하면 영상을 연이어 보게 됩니다. 유튜브는 이용자별로 맞춤형 콘텐츠를 추천해 주는 기능이 뛰어나기 때문이에요. 데이터 분석을 통해 이용자의 취향에 맞는 콘텐츠를 추천해 줍니다. 혹여나 보고 싶지 않은 영상을 추천받으면, '관심 없음' 아이콘을 클릭하면 됩니다. 그러면 이를 반영하여 관심을 가질 만한 다른 콘텐츠를 추천해 줍니다. 왜 우리가 유튜브를 한 번 켜면 지루함을 느낄 새 없이 동영상을 연속으로 보는지 알았지요?

유튜브는 다양한 곳에서 활용되고 있습니다. 매스미디어인 방송국이나 신문사가 각자의 유튜브 채널을 만들어 색다른 콘텐츠를 제공하기도 하고요. TV 화면에서 보여 주지 못했던 진솔한 모습을 유튜브에서 드러내는 인기 연예인도 많습니다. 요즘 Z세대들은 공개 범위를 제한하여 유튜브를 개인 일기장으로 활용하거나 친구들과의 소통 수단으로 이용하기도 합니다. 이는 젊은 세대가 성장함에 따라 1인 미디어 현상이 점점 더 강화될 것이라는 흐름을 알려 줍니다.

제2의 도티가
되겠다고?

여러분도 유튜버 스타가 되겠다고 결심한 적 있나요? 많은 초등학생들이 유튜버를 희망 직업으로 꼽았다고 했지요. 그 이유 중 하나는 유튜버 스타들의 성공 신화 때문일 겁니다. 한 키즈 채널 운영자가 95억 원의 빌딩을 샀다는 얘기, 들어 본 적 있을 거예요. 장난감을 재미있게 소개하거나 음식을 복스럽게 먹는 것만으로도 대스타가 되고 큰돈을 벌 수 있다니, 정말 매력적입니다. 그러나 유튜버로 대성공을 거두기란 하늘의 별 따기입니다.

유튜버는 얼마를 벌까?

우선 유튜버가 되자마자 통장에 돈이 들어오는 것은 아닙니다.

유튜브로 수익을 내려면 동영상에 '애드센스'라는 구글의 광고 시스템을 붙여야 하는데, 구독자 수 1,000명, 연간 시청 4,000시간의 조건을 충족해야 하지요. 그러면 애드센스를 붙여서 광고로 이익을 얻을 수 있어요. 인기 유튜버들은 따로 기업 협찬을 받으며 추가 수익을 올리기도 합니다.

게임 유튜버 대도서관의 수입은 얼마일까요? 2017년에 약 17억, 2018년에는 약 24억 원 벌었다고 밝혔습니다. '걸어 다니는 기업'에 비유할 만합니다. 하지만 대도서관은 예외적인 경우입니다. 2018년 한국방송광고진흥공사 조사에 따르면 1만여 개의 유튜브 채널 중 연간 1억 원 이상의 수익을 내는 곳은 100개 정도였습니다. 초고소득 유튜버는 1%에 불과하지요. 나머지 99% 중에서는 한 달에 100만 원도 벌지 못하는 경우가 많았어요.

좀 더 최근 연구도 있습니다. 2019년 한국노동연구원이 조사한 결과, '본업 유튜버'는 월평균 536만 원을 벌었습니다. 부업은 333만 원, 취미는 114만 원입니다. 꽤 많다고요? 평균의 함정에 속으면 안 됩니다. 한 달 동안 5,000만 원을 번 사람이 있는 반면에 달랑 5만 원을 번 사람도 있는 거지요. 게다가 유튜버가 되겠다고 뛰어드는 사람은 계속 늘어나는 데 반해 사람들의 시청 시간에는 한계가 있어요. 유튜버로 인생 역전하기, 복권 당첨만큼 쉽지 않습니다.

'번아웃' 된 인기 유튜버

현직 유튜버는 유튜브의 정글에서 살아남는 법을 알고 있지 않을까요? 구독자 180만 명의 대형 스타 '대도서관'은 꾸준함이 비법이라고 합니다. 좀 더 구체적으로는 "일주일에 최소 2번, 약속된 시간에 정기적으로 영상을 올려야 한다"고 조언했습니다. 로마는 하루아침에 이루어지지 않았다는 격언이 유튜브 세계에도 적용됨을 알려 줍니다. 사실 우리가 웹툰을 보거나 유튜브 채널을 구독할 때를 떠올리면 당연한 거지요. 툭하면 휴방하는 유튜버의 영상은 자연스레 '구독 취소'하게 되잖아요.

일주일에 2번, 언뜻 보면 부담스러운 횟수는 아닙니다. 하지만 실제로 해 보면 쉽지 않을 겁니다. 현직 유튜버들의 고충을 들어 보면, 유튜브의 치열한 세계를 간접 체험할 수 있습니다.

스웨덴 출신의 '퓨디파이(PewDiePie)'는 전 세계에서 구독자 수 1위를 기록한 적 있는 유튜버입니다. 게임 방송을 전문으로 하고 있지요. 퓨디파이는 최초로 구독자 1억 명을 돌파했으며, 1년에 벌어들이는 돈이 200억 원에 이릅니다. 그런데 2019년 12월, 그가 갑자기 유튜버로서의 활동을 잠정 중단한다고 선언합니다. 무슨 사고라도 난 걸까요? 아닙니다. 이유는 단지 '지쳐서'입니다.

이처럼 몸과 마음에 무리가 온 유튜버는 한둘이 아닙니다. 미국의 십 대 쌍둥이 형제 이선 돌런 Ethan Dolan과 그레이슨 돌런 Grayson

Dolan은 코미디 유튜버입니다. 구독자가 1,000만 명이 넘는 이 형제도 2019년 10월, "정신 건강을 위해 동영상 게재 횟수를 줄이겠다"고 발표했습니다. 형제는 14살 때부터 5년 동안 어김없이 매주 화요일에 새 동영상을 업로드했습니다. 형제는 "우리는 사람들로부터 외면당할지도 모른다는 두려움 때문에 쉬지 못하고 일해 왔다"고 말했습니다. 엄마를 보러 집에 갈 수도 없었다고 합니다. 우리나라의 도티 역시 "기획, 연출, 출연, 편집의 전 과정을 혼자서 매일 쉬지 않고 했다"면서 유튜브를 잠시 중단한 이유를 밝힌 적이 있습니다. 이렇듯 유튜브에 뛰어드는 사람도 많지만, 반대로 이곳을 떠나겠다는 유튜버들이 늘어나고 있습니다. '번아웃 증후군(Burnout syndrome)' 때문이지요. 번아웃은 오랫동안 일에 몰두해 정신적, 육체적으로 기운이 소진되면서 무기력증과 우울감에 빠지는 증상을 말합니다.

알고리즘이 유튜버를 괴롭힌다고?

왜 인기 유튜버들에게 번아웃 증상이 나타나는 걸까요? 유튜브가 끝없이 새로운 콘텐츠를 만들도록 유도하기 때문입니다. 유튜브 알고리즘이 투명하게 공개된 적은 없지만, 최신 영상이거나 혹은 이용자들에게 오래도록 사랑받는 콘텐츠 위주로 추천한다고 알려져 있습니다. 쉬엄쉬엄하면 추천 영상에 소개될 가능성이 낮아지지요. 인기를 얻었다고 해도 방심해선 안 됩니다. 성공한 이후에도 끊임없이 영상을 올리며 구독자들을 붙잡아 두려고 노력해야 합니다.

구독자가 28만 명이 넘는 미국의 유튜버 드레이크 매쿼터^{Drake}^{McWhorter}는 2016년 한 달 동안 업데이트를 중단한 적이 있습니다. 그러자 팬들의 관심도 뚝 끊겼습니다. 매쿼터는 "한 달 휴가를 가기 전의 인기를 회복하는 데 1년이 걸렸다"면서 "유튜브는 러닝머신 같아서 1초라도 멈춰 서면 곧바로 죽는다"고 말했습니다. 그러다 보니 많은 유튜버들은 러닝머신 위에서처럼 쉬지 않고 달려야 한다는 심리적 압박감에 시달리고 있습니다.

자신이 본업 유튜버를 꿈꾸고 있다면 현실을 비판적으로 이해할 필요가 있어요. 자기가 좋아하는 것을 하면서 인기도 얻고 돈도 버는 유튜버가 부럽다고 해서 섣불리 뛰어드는 것은 위험한 일입니다. 유튜버로서 승승장구도 어렵지만, 성공해도 늘 압박감에 시달릴 수 있지요. 그래도 도전하려고 마음먹었다면 진지하게 접근해 봐야 합니다. 어떻게 해야 유튜버로서 성공할 수 있을까요?

진짜 크리에이터가 되자

유튜버가 되고 싶은 사람들이 쉽게 하는 오해가 있습니다. 영상 편집만 재미있게 하면, 단숨에 인기 유튜버로 등극할 거라는 생각입니다. 당연히 기본적인 편집 능력은 갖춰야 하겠지요. 편집의 트렌드도 읽어야 하고요. 그런데 동영상 제작, 편집 기술이 전부는 아닙니다.

사실 특정한 도구를 잘 다루는 능력은 크게 중요하지 않습니다. 어느 분야이건 기술과 도구는 변화하고 발달하기 때문이지요. 예를 들어 볼까요? 과거에는 컴퓨터를 사용하기 위해 도스 프로그램 명령어를 공부해야 했어요. 그러나 운영체제가 윈도로 바뀌면서 필요 없어졌습니다. 동영상 편집 기술도 마찬가지입니다. 시간이 지날수록 사용하기 편리해질 거예요.

그러니 진짜 중요한 능력은 따로 있어요. 콘텐츠의 재료가 되는 전문적인 지식과 남다른 열정입니다. 그리고 꼭 창작 공간을 유튜브로 한정할 필요도 없어요. 새로운 서비스는 늘 탄생해 왔으니까요. 언젠가 유튜브의 자리를 위협하는 '포스트 유튜브'가 등장할 수도 있습니다. 유튜브도 TV에 비해 늦게 출발했지만, 지금 최고의 인기를 누리고 있는 것처럼 말이지요. 따라서 목표를 유튜버 스타가 아닌 '뛰어난 크리에이터'로 잡는 것이 좋습니다.

뛰어난 크리에이터가 되고 싶다면 유사한 분야의 채널을 구독해 보는 게 좋겠지요. 다른 유튜버의 영상을 참고해 배울 점은 취하고 아쉬운 점은 보완한다면 시행착오를 줄일 수 있습니다. 콘텐츠의 품질을 판단할 수 있어야 스스로 좋은 콘텐츠를 만들 수 있는 법입니다.

만약 영화 리뷰 채널을 개설하고 싶다면 같은 분야의 인기 있는 콘텐츠를 분석해 보아야 합니다. 인기 요인을 나름대로 찾아보는 겁니다. "한 장르에만 치중해 있다", "소리가 너무 작다"와 같은 댓글의 피드백을 자신의 콘텐츠에 반영할 수 있지요.

마지막으로 책임 의식을 지닌 크리에이터가 되어야 합니다. 유튜브에 진입 장벽이 없다고는 하지만, 1인 미디어의 힘이 점점 커지고 있는 상황입니다. 1인 미디어 또한 매스미디어처럼 여론 형성에 상당한 영향을 끼치고 있습니다. 영향력이 큰 일에는 강한 책임감이 뒤따르지요. 내가 생각 없이 뱉은 말이 누군가에 대한 부정적 편견을 강화하거나, 거짓 정보의 발원지가 될 수도 있습니다. 유튜버가 말 한마디 한마디에 신중해야 하는 이유예요.

유튜브,
좋기만 할까?

　1인 미디어는 이용자들 누구에게나 최대한 표현의 자유를 보장합니다. 유튜브 역시 거대한 자본이나 전문 인력 없이도 누구나 전 세계를 상대로 방송을 할 수 있게 해 줍니다. 정치인이나 유명 연예인 혹은 기자나 프로듀서가 아니어도 얼마든지 자신의 목소리와 주장을 마음껏 전달할 수 있지요. 유튜브는 매스미디어처럼 선택받은 소수의 콘텐츠나 뉴스만 방송하지 않습니다. 방송사처럼 정부의 허가를 받아야 할 이유도 없습니다.

　그래서 유튜브는 언론의 자유가 억압당하는 곳에서 자유로운 표현의 도구로 통합니다. 전 세계적으로 언론의 자유와 민주주의를 퍼뜨리는 도구로 활용되는 거지요.

그런데 유튜브의 최대 장점으로 여겨지는 '표현의 자유'가 논란의 중심이 되기도 합니다. 부적절한 정보가 널리 유통될 수 있기 때문입니다. 그렇다고 1분마다 올라오는 500시간의 영상을 사람이 일일이 검토하기란 현실적으로 무리입니다.

유튜브가 아예 손을 놓고 있는 건 아닙니다. 인공지능(AI)의 힘을 빌려 콘텐츠의 품질을 관리하고 있지요. 유튜브 최고 경영자 위치츠키는 "2019년 1분기에 삭제한 콘텐츠 중에 75%를 인공지능이 알아서 처리했다"고 말했습니다. 유튜브 공간에서 인공지능 기술을 적극적으로 활용해도 되는지, 유튜브의 책임은 어디까지인지 지금부터 같이 고민해 봅시다.

정보 편식을 유도하는 알고리즘

여러분은 자라면서 "골고루 먹어야 건강해진다"는 말을 귀에 못이 박히도록 들었을 거예요. 왜 내가 좋아하는 음식만 골라 먹으면 안 될까요? 여러 종류의 영양소를 고루 섭취하지 않으면 몸에 이상이 나타날 수 있기 때문입니다. 정보도 마찬가지입니다. 내 입맛에 맞는 정보만 쏙쏙 골라 받아들이면 사고의 균형이 깨지고, 편견을 가진 채로 세상을 이해하게 됩니다.

유튜브는 어떻게 정보 편식을 유도할까요? 답은 알고리즘에 있습니다. 알고리즘은 이용자들의 조회 수와 이용 시간을 늘리는 방식으로 설계되었어요. 그래야 유튜브의 기업 가치가 높아지고, 수익도 증가하기 때문입니다. 이를 위한 가장 좋은 방법은 이용자의 시청 기록을 분석하여 이와 유사하거나, 관심 있어 할 만한 정보만을 계속 추천해 주는 겁니다.

2018년 영국 언론 《가디언》은 유튜브에서 3년 동안 추천 시스템을 다룬 엔지니어 기욤 샤슬로 Guillaume Chaslot 의 인터뷰를 실었는데요. 내용이 매우 의미심장합니다. 그는 "유튜브의 추천 알고리즘은 이용자가 머무는 시간을 늘리는 게 목적이어서 필터 버블과 가짜 뉴스를 만들어 낸다. 유튜브 동영상의 품질과 다양성 개선을 위한 알고리즘 수정 방안을 제시했지만 채택되지 않았다."라고 말했습니다.

'필터 버블(filter bubble)'이란 비눗방울처럼 생각이 그 안에 갇혀서 벗어나지 못하는 현상을 의미합니다. 유튜브가 이용자의 견해와 일치하는 콘텐츠만을 계속 보여 준다면 해당 이용자의 생각은 더 굳어지게 되겠지요. 유튜브 영상이 소셜 미디어를 통해 비슷한 성향의 사람들에게 공유되면, 나의 생각은 더욱 힘을 얻게 됩니다. 유사한 의견을 가진 사람들 위주로 소통하다 보니 내 생각이 옳다고 점점 더 확신하게 되는 거예요.

알고리즘은 이처럼 이용자의 균형 잡힌 사고를 방해할 수 있습니다. 유튜브를 시청하는 수많은 사람들은 알고리즘의 지배에서 자유롭지 못합니다. 물론 알고리즘 때문이 아니어도 자신의 성향에 맞는 유튜브 채널만을 구독해 스스로 편향된 사고를 강화하는 경우도 있지요. 정보 편식은 사람들 간 분열을 조장하고, 건강하지 못한 개인과 사회를 만듭니다. 따라서 1인 미디어의 맞춤형 알고리즘에 지나치게 의존하면 위험하다는 것을 깨달아야 합니다. 자신이 좋아하는 콘텐츠를 즐기는 게 문제는 아닙니다. 관심 있는 주제에 대해서 깊이 있게 공부하는 기회가 될 수도 있지요. 다만 가치관을 형성하는 과정에서 알고리즘의 추천에만 의지한다면, 사고가 한쪽으로 기울 수 있다는 사실을 인지해야 합니다. 유튜브를 볼 때도, 일상생활에서도 다양한 사람들의 의견을 듣는 열린 태도가 필요합니다.

유튜브 때문에 홍역이 다시 유행했다?

홍역은 인류가 정복했다고 여기는 질병입니다. 우리나라를 비롯한 선진국에서는 사실상 사라졌고요. 미국은 2000년 홍역 퇴치를 선언했고, 우리나라도 2014년 세계보건기구(WHO)로부터 홍역 퇴치 국가로 인증을 받았습니다. 이건 다 백신 덕분입니다. 기억나지 않지만 우리는 아기였을 때, 홍역을 예방하는 백신주사를 맞았어요. 그런데 2018년부터 선진국을 중심으로 홍역이 다시 유행하기 시작했습니다. '홍역 퇴치' 선언을 한 미국에서도 2019년 집단

발병이 일어나 충격을 안겼습니다.

왜 물리쳤다던 홍역이 다시 살아나 유행하게 된 것일까요? 이유는 바로, 백신 접종이 자폐증을 불러온다는 잘못된 정보 때문이었습니다. 자폐증에 걸릴까 두려워 아기에게 백신을 맞히지 않았던 거예요. 어디서 백신이 자폐를 불러온다는 잘못된 믿음이 퍼졌을까요? 신문이나 방송은 아닙니다. 이런 대중매체는 국민 보건을 위협하며 검증되지 않은 주장을 함부로 보도하지 않지요. 범인은 유튜브, 페이스북 등 1인 미디어였습니다. 많은 사람들이 1인 미디어를 통해 백신이 해롭다는 정보를 접한 겁니다. 1인 미디어는 그 내용이 믿을 만한지 아닌지 따져 보는 절차 없이 누구나 자신이 하고 싶은 말을 할 수 있습니다. 그렇기 때문에 황당하거나 거짓된 정보조차도 손쉽게 유통됩니다.

또 다른 예시를 들어 볼까요? 지구가 평면이라는 '평평한 지구(flat Earth)'설을 사실로 믿는 사람들이 늘어나고 있습니다. 이미 지구는 타원형이고, 태양 주위를 돈다는 사실이 수백 년 전에 입증됐음에도 말이에요. 갈릴레오 갈릴레이Galileo Galilei가 무덤에서 가슴을 치며 답답해할 이야기입니다. 이들은 국제 학술 대회를 개최하고, 커다란 배를 타고 항해해 지구 끝으로 가서 지구가 둥글지 않다는 사실(?)을 증명하겠다는 계획도 세우고 있습니다. 평평한 지구설이 유통된 공간은 역시나 유튜브 등 1인 미디어입니다. 유튜브에서 이런 주장도 걸러지지 않은 채 많은 사람에게 전달된 거지요. 이런 점을 악용하는 사람들은 유튜브를 특정 집단이나 개인에 대한 혐오를 부추기는 도구로 활용하기도 합니다.

그런데 이때마다 유튜브 같은 1인 미디어 기업들이 책임을 인정하는 경우는 거의 없습니다. 기업들은 자신들이 콘텐츠를 단순 유통하는 '신문 판매대' 역할을 할 뿐이지, 실려 있는 내용까지 책임지는 '신문 발행인'이 아니라고 말하곤 합니다. 하지만 1인 미디어가 사기 범죄와 테러, 가짜 뉴스 확산의 도구로 활용되는 상황에서 "우리는 유통업자이므로 책임이 없고, 잘못은 만든 사람에게 있다"는 주장은 책임 회피로 보이기도 하지요. 유튜브의 사회적 영향력이 커지면서 1인 미디어의 표현 규제를 강화해야 한다는 목소리가 높아지고 있습니다. 여러분은 유튜브가 신문 판매대와 신문 발행인 중 어느 쪽에 가깝다고 생각하나요?

유튜브를
규제해도 될까?

그러면 1인 미디어에서 잘못된 내용이나 문제 있는 내용을 함부로 유포되지 못하도록 매스미디어처럼 강력하게 규제하면 될까요? 허위·왜곡 정보를 올리는 사람을 법으로 처벌하는 겁니다. 하지만 이는 헌법에 보장된 표현의 자유를 제약할 우려가 있어요. 게다가 법을 만들어도 유튜버를 처벌하기란 매우 어렵습니다. 왜 그럴까요?

한국 정부가 '미국산 기업' 유튜브를 제재할 수 있을까?

현재 네이버, 다음 등 국내 포털 플랫폼은 방송통신심의위원회와 방송통신위원회의 감독을 받고 있습니다. 그렇다면 유튜브를 운영하는 구글에는 어느 나라의 법을 적용해야 할까요? 구글이 외국 기업이라는 점을 고려하면 쉽게 대답하기 어렵습니다. 국내 신문이나 방송은 당연히 우리나라 법의 적용을 받지요. 하지만 유튜브의 본사는 미국에 있기에, 국내 법률을 그대로 적용하지 못합니다. 그래서 국경이 없는 인터넷에서 콘텐츠를 규제하는 것은 쉽지 않은 문제입니다. 2019년 한 조사에 따르면, 방송통신심의위원회가 지난 5년간 유튜브에 시정 요구한 불법, 유해 콘텐츠 중에서 약 9.6%만 삭제됐다고 합니다.

과거에 유튜브는 국제 기준에 맞지 않는 국내 제도에 반기를 든 적도 있습니다. 지금은 위헌 결정이 내려져 사라졌지만, 우리나라에서는 2007년부터 5년간 '인터넷 실명제'가 시행되었어요. 인터넷 게시판에 글을 올리거나 댓글을 달 때, 반드시 본인 확인을 받도록 했습니다. 연예인을 자살로 내모는 악성 댓글이나 무책임한 게시글을 막기 위해서 시행되었지요. 이 법률을 근거로 인터넷상의 작성자를 추적할 수 있었습니다. 그러나 인터넷 실명제는 기본권인 표현의 자유를 침해한다고 해서 많은 비판을 받았습니다. 이름이나 신분을 밝히고서는 자유롭게 내 의견을 말하기가 어려우니까요. 미국 등 다른 나라에서는 이런 법률을 찾아볼 수 없었지요.

그런데 인터넷 실명제가 시행되자 흥미로운 일이 벌어집니다. 유튜브가 인터넷 실명제에 찬성하지 않는다면서 한국어판 유튜브의 댓글과 영상 게시 기능을 차단해 버린 겁니다. 국내 이용자들이 이용에 불편을 겪은 것은 물론이고, 국제적으로 인터넷 실명제의 존재가 널리 알려지게 되었지요. 만약에 인터넷 실명제 때문에 유튜브가 계속 한국에서 업로드를 차단했다면 어떻게 됐을까요? 싸이도 방탄소년단도 동영상을 올릴 수 없었을 테고, 케이팝 열풍은 일어나지 않았을 수도 있지요.

2012년 헌법재판소가 '인터넷 실명제는 위헌'이라는 결정을 내려 문제는 일단락되었습니다. 국제적으로 받아들여지는 기준과 다르게, 한국만의 법률을 적용하기는 이처럼 어렵습니다. 인터넷 실명제처럼 부작용이 더 클 수 있기 때문에 규제 문제는 신중히 접근해야 합니다. 또한 이와 같은 사례를 통해 구글이 얼마나 표현의 자유를 중시하는지도 알 수 있습니다.

소수의 주장도 보호하는 유튜브

유튜브 콘텐츠를 전부 다 제재하지 못하는 것은 아닙니다. 아동 포르노 같은 유해 음란물, 도박 사이트처럼 불법성이 분명한 콘텐츠에는 해외 서비스라고 해도 시정 조치를 요구할 수 있습니다. 도박이나 유해 음란물은 불법임이 명확하기 때문이지요. 외국에 있는 불법 사이트들의 서버를 우리나라 방송통신심의위원회와 경찰이 차단할 수도 있습니다.

　앞서 말한 허위·왜곡 정보도 불법 콘텐츠와 동등한 선에서 제재할 수 있을까요? 그럴 수는 없습니다. 헌법은 사상과 표현의 자유를 보장하고 있기 때문입니다. 사람마다 자신의 사상과 의견을 자유롭게 표명할 수 있고, 그것을 전파할 수 있습니다. 평평한 지구설도 생각의 표현이자 주장입니다. 과학적 입장에선 황당할지라도 이를 막거나 처벌할 수는 없습니다.

　무엇보다 진실과 거짓의 판별은 매우 어려운 일입니다. 지금 당장은 진리가 아닌 듯해도 나중에 진실로 밝혀질 수 있기 때문이지요. 우리는 '지구가 태양을 돈다'는 사실을 알고 있습니다. 하지만 천동설이 정설로 여겨지던 때도 있었어요. 갈릴레오 갈릴레이는 지동설을 주장했다가 탄압을 받았지요. 함부로 특정 주장을 거짓으로 규정해선 안 되는 이유입니다. 오늘날 민주주의 사상에 큰 영향을 끼친 19세기 영국의 사상가 존 스튜어트 밀John Stuart Mill은 지금 옳지 않아 보이는 소수의 의견도 진리를 담고 있을 수 있고, 나중에 진리로 밝혀질 수 있다며 표현의 자유의 중요성을 강조했어요. 유튜브 규제 문제는 가짜 뉴스를 다룰 때 좀 더 자세히 살펴보지요.

✳✳✳ 쓸모 있는 TMI ✳✳✳

유튜브에 세계 최초로 업로드된 영상은?
바로 'Me at the zoo'(동물원에 온 나)입니다. 유튜브 창립자 중 한 명인 조드 카림Jawed Karim이 2005년에 올린 영상인데요. 카림의 대사는 "이 코끼리는 코가 길어서 멋지다."라는 게 전부입니다. 카메라 앞이 어색한 듯 "여기서 할 말은 이것밖에 없다."라며 영상을 서둘러 마무리하지요. 카림은 이 19초짜리 영상이 8,000만 이상의 조회 수를 기록할 거라고 상상이나 했을까요?

슬기로운 유튜브 시청법

유튜브를 잘만 이용하면 얻을 수 있는 것이 많습니다. 유튜브 콘텐츠를 보면서 하루 중 달콤한 휴식 시간을 가질 수도 있고, 유튜버에 도전하며 삶의 새로운 의미를 찾을 수도 있지요. 유튜브의 다양한 면모를 온전히 이해하고 사용한다면, 새로운 도구가 갖는 기회와 가능성을 최대화하고 잠재적 위험을 최소화하는 슬기로운 이용자로 거듭날 수 있습니다.

① 게이트키퍼보다 더 큰 힘이 우리를 조종한다!

유튜브의 가장 큰 특징은 게이트키퍼가 없다는 점입니다. 게이트키퍼는 '문지기'라는 뜻으로, 콘텐츠의 전달 여부를 결정하는 사람입니다. 유튜브에는 매스미디어와 달리 전문적 중개자가 없지요. 따라서 유튜브의 세계는 기존 사회의 질서나 권력 구조에서 좀 더 자유로워 보입니다.

그렇다고 해서 우리가 완전한 자유를 누리고 있다고 말할 수 있을까요? 겉으로는 콘텐츠 크리에이터와 이용자 집단의 힘이 커진 것처럼 보입니다. 하지만 유튜브 설계자가 만들어 놓은 알고리즘과 추천 서비스의 영향력이 우리를 뒤에서 강하게 조종하고 있습니다. 우리는 이용자로서 이 사실을 인지하고 유튜브를 자율적으로 활용해야 합니다. 그렇지 않으면 필터 버블에 갇히거나, 유튜브에서 온종일 눈을 떼지 못하게 됩니다. 그런데 이미 유튜브에 중독된 것 같다고요?

② 유튜브 중독자라면, '타이머' 이용해 볼까?

매력적인 알고리즘에 나를 맡기게 되면 어느새 중독의 길로 들어설 수 있습니다. 무언가에 중독되면 정신적, 신체적 피로가 켜켜이 쌓이게 마련입니다. 뭐든 적당히 사용하는 것이 좋지요.

구글도 이러한 우려를 알고 있는지, 유튜브에 '타이머 기능'을 업데이트했습니다. 타이머는 유튜브 시청 시간을 제한하도록 돕는 기능입니다. 유튜브 앱을 열고, '우측 상단 프로필 탭-시청 시간-시청 중단 시간 알림'을 순서대로 클릭하면 됩니다. 5분부터 23시간 55분까지, 5분 단위로 알림 시간을 설정할 수 있어요. 설정한 시간이 되면 '시청을 중단하고 쉬시겠어요?'라는 알림이 뜨지요. 다음 동영상이 자동으로 재생되지 않도록 기존 설정을 변경하는 기능도 있습니다. 스스로 자제하기 힘들다면, 이런 기능의 도움을 받아도 좋겠지요?

세 번째 이야기.
인스타그램

#셀카 #프로필 사진

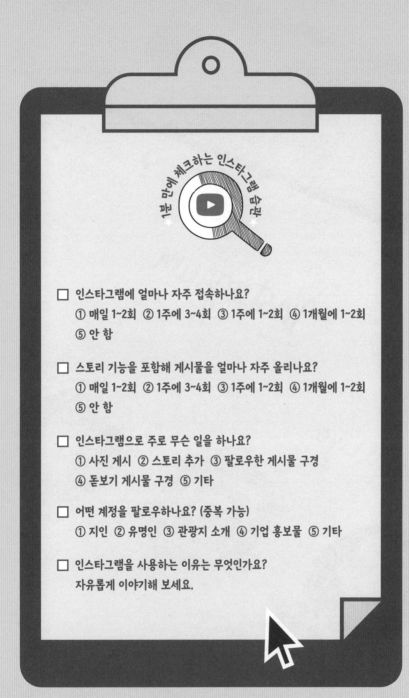

한 판에 체크하는 인스타그램 습관

□ 인스타그램에 얼마나 자주 접속하나요?
　① 매일 1~2회　② 1주에 3~4회　③ 1주에 1~2회　④ 1개월에 1~2회
　⑤ 안 함

□ 스토리 기능을 포함해 게시물을 얼마나 자주 올리나요?
　① 매일 1~2회　② 1주에 3~4회　③ 1주에 1~2회　④ 1개월에 1~2회
　⑤ 안 함

□ 인스타그램으로 주로 무슨 일을 하나요?
　① 사진 게시　② 스토리 추가　③ 팔로우한 게시물 구경
　④ 돋보기 게시물 구경　⑤ 기타

□ 어떤 계정을 팔로우하나요? (중복 가능)
　① 지인　② 유명인　③ 관광지 소개　④ 기업 홍보물　⑤ 기타

□ 인스타그램을 사용하는 이유는 무엇인가요?
　자유롭게 이야기해 보세요.

'인스타그래머블'의
탄생

인스타그램은 사진을 찍은 뒤 해시태그(#)를 달고 간단한 텍스트를 입력해 공유하는 소셜 미디어입니다. 인스타그램의 등장이후 새로운 식사 문화가 생겨났어요. 갓 나온 음식에 바로 수저를 갖다 대면, 친구는 다급하게 외칩니다. "잠깐! 일단 사진부터 찍고." 군침을 삼키면서도 사진을 먼저 찍는 것이 디지털 시대의 새로운 식사 예절입니다. '금강산도 식후경'이라고 했는데 이젠 '먹스타그램 뒤 식사' 세상이 된 거예요.

2016년 미국 뉴욕에서는 무지개색 베이글과 솜사탕으로 장식한 유니콘 피자가 큰 인기를 끌었습니다. 혼을 쏙 빼 놓을 만큼 맛있어서 그랬을까요? 아닙니다. 독특한 생김새 덕분이었습니다. 인스타그램에 공유하고 '하트(♥)'를 받기 딱 좋은 음식이었지요.

세계적으로 유명한 레스토랑 평가 잡지 《저겟 서베이(Zagat Survey)》에 따르면 소셜 미디어 이용자의 75%가 "음식 사진을 고려해 식당을 선택한다."라고 답변했습니다. 인터넷에는 '음식 사진 잘 찍는 법', '음식 사진 찍기 좋은 카메라'에 대한 '꿀팁'을 주는 글도 많습니다. 보기 좋은 떡이 먹기도 좋다는 속담도 있지만, 인스타그램의 영향이 크게 작용한 거지요. 디저트 카페가 성공하려면 디저트의 맛과 양 못지않게 아기자기한 장식도 고려해야 합니다. 사진이 눈길을 사로잡아야 인스타그램에서 입소문을 탈 수 있습니다.

그리하여 '인스타그래머블(Instagrammable)'이라는 새로운 단어까지 탄생했습니다. "인스타그래머블한 순간이야."라고 말한다면 "지금 바로 이 풍경은 인스타그램에 사진 찍어서 올리기에 안성맞춤이야."라는 뜻입니다. 근사한 여행 사진, 먹음직스러운 음식 사진, 귀여운 아기와 동물 사진 등이 이에 해당합니다. 여러분도 이러한 순간을 놓치지 않는 '뼛속까지 인스타그래머'인가요?

인스타그램이 여행과 소비 문화를 바꾸다

여행 문화가 달라졌습니다. 2019년 문화체육관광부와 한국관광공사는 국내 여행 트렌드를 분석하기 위해 소셜 미디어를 활용했습니다. 최근 4년간 인스타그램, 페이스북, 트위터, 유튜브 등에 올라온 게시물을 분석했지요. 인스타그램 같은 소셜 미디어의 사진 한 장으로 여행이 시작되고, 여행지와 방문 장소가 결정된다는 뜻입니다.

요즘 여행자들은 사진을 찍으면 곧바로 인스타그램에 올립니다. 인스타그램에 '#여행'을 검색하면, 화려한 옷차림을 한 여행자들의 모습을 구경할 수 있지요. 숙박 예약 업체 '부킹닷컴'의 조사에 따르면, 2만여 명의 전 세계 여행자 중 약 43%가 '소셜 미디어에 올릴 사진을 위해서 최고의 멋 내기를 추구한다'고 응답하기도 했습니다. 남는 것은 사진뿐이라는 말이 있듯, 예전에도 여행자들은 공들여서 사진을 찍었습니다. 하지만 이제는 사진 촬영이 아예 여행의 중심 이벤트가 되었어요. 어쩌면 낯선 곳에서의 새로운 체험보다 멋진 사진을 남기는 게 여행의 중요한 목적이 된 셈이지요.

2019년 대한민국을 뜨겁게 달궜던 '일본 제품 불매운동'에 인스타그램이 영향을 미쳤다는 분석도 있습니다. 일본의 부당한 수출 규제에 분노한 우리 국민들은 '노 재팬(NO JAPAN)'을 선언했습니다. 항공권 가격이 내려가고 호텔 파격 할인도 제공됐지만, 일본 여행객들은 급격히 줄어들었어요. 한국인들의 애국심과 분노가 물론 가장 큰 이유입니다. 그런데 또 다른 이유가 하나 더 있습니다. 바로 일본으로 여행을 가 봤자 인스타그램에 여행 사진을 올려서 자랑할 수 없다는 것이었지요. 인스타그램에 일본에 간 사진을 올리면 친구들에게 '무개념'이라고 손가락질을 받을지도 모르니까요. '여행=인증샷'인 세상이니 인증 사진 없는 여행은 김 빠진 사이다나 마찬가지입니다.

인스타그램은 사람들의 소비 생활도 바꾸고 있습니다. 가게 이름에 해시태그를 달아 사진을 공유하면 쿠폰이나 할인 혜택을 제공하는 식당이 늘고 있어요. 다른 광고 수단에 비해 인스타그램 홍보가 효과적이라는 걸 보여 주는 사례입니다.

사람들의 방문 욕구를 자극하기 위해선 인스타그램에 매력적인 사진을 올려야 합니다. 그래서 색상과 디자인을 유독 신경 써서 실내 장식을 하는 카페나 레스토랑이 늘고 있습니다. 화려한 벽지에 장식용 네온사인을 설치하여 몽환적 분위기를 만들어 내기도 하지요. 이는 인스타그래머들을 불러 모으기 위한 마케팅 전략입니다.

인스타그램 창업자는 '사진 덕후'

인스타그램은 사진 중심의 소셜 미디어이기 때문에 사진 없이는 콘텐츠를 올릴 수 없게 되어 있습니다. 바로 창업자 케빈 시스트롬Kevin Systrom의 아이디어입니다. 그는 사진 '덕후'로서, 어려서부터 사진 동아리 활동을 해 왔습니다. 스탠퍼드대 3학년 때는 이탈

리아 피렌체로 사진을 배우러 가서, 오래된 느낌의 사진을 찍는 토이 카메라를 만나고 깊은 인상을 받기도 했지요. 인스타그램에서 빈티지 느낌 등 감각적인 필터 기능이 탑재된 데에는 이런 이유가 있었던 겁니다.

인스타그램(Instagram)이라는 단어에는 사진 기반 소셜 미디어의 정체성이 담겨 있어요. 이는 인스턴트 카메라(instant camera)와 전보(telegram)를 합쳐서 만든 말로, '즉석 사진+전보'를 의미합니다. 스냅사진을 찍어서 전보처럼 소식을 전한다는 뜻이지요. 19세기에 전신(電信)이 등장하면서 인류는 빛의 속도로 소통하는 방법을 알게 되었고, 이후 엄청난 변화를 맞보게 됩니다. 모바일 시대에도 이에 버금가는 변화가 시작되었습니다. 전신을 통해 글이 실시간으로 전달되기 시작한 것처럼, 지금은 스마트폰을 이용해 이미지와 영상으로 소통할 수 있게 되었어요. 새로운 문화에 거부감이 없는 젊은 세대는 이러한 소통 문화를 반영한 인스타그램을 적극적으로 받아들였습니다.

인스타그램의 인기 비결은 이미지로 자신을 적극적으로 표현하면서 사람들과 소통할 수 있다는 데 있습니다. 그중에서도 돋보이는 특징은 단연 해시태그인데요. 인스타그램에서는 해시태그를 이용해 자신의 게시물을 효과적으로 노출할 수 있습니다. 이를테면 '#영화명대사' '#데일리룩' '#귀여운고양이사진'과 같은 인기 해시태그를 달면, 이런 단어를 검색하는 이용자에게 내 사진과 글이 전달될 기회가 생기는 것이지요. 이로 인해 새로운 '팔로워'가 유입되기도 합니다. 그렇다 보니 팔로워를 늘리려고 게시물과 무관한 인기 해시태그를 다는 경우까지 있습니다. 여러분은 게시물을 올릴 때, 보통 몇 개의 태그를 입력하나요?

페이스북에서 인스타그램으로 이사 간 1020세대

2007년 아이폰의 등장 이후 다양한 애플리케이션이 탄생했어요. 인스타그램도 그중 하나였지요. 2010년 10월에 첫 서비스를 선보이고, 1년 후 한국어 서비스를 개시했어요. 그러다 2012년, 페이스북이 인스타그램을 무려 10억 달러(약 1조 2,000억 원)에 인수

합니다. 당시 인스타그램의 직원은 13명뿐인 데다 수익도 내지 못하는 상태였기에 주변에서는 의아한 반응을 보였어요. 하지만 페이스북은 인스타그램의 성장 가능성을 높이 평가했습니다. 2018년에 들어서 페이스북의 투자가 엄청난 성공이었다는 사실이 드러납니다. 인스타그램의 기업 가치가 인수할 당시보다 100배 이상 커진 거예요. 소셜 미디어 후발 주자인 인스타그램이 어떻게 폭발적인 성장을 할 수 있었을까요?

인스타그램이 뜬 배경에는 뜻밖에도 페이스북이 있습니다. 페이스북은 이용자가 25억에 달하는 대표적인 소셜 미디어입니다. 이용자가 25억 명이라는 통계는 인터넷을 사용하는 사람 대다수가 페이스북을 쓴다는 사실을 의미합니다. 그런데 너도나도 페이스북을 이용하게 되면서 생각지도 못한 현상이 벌어집니다. 초기 이용자였던 1020세대가 이탈하기 시작한 겁니다.

페이스북에 나중에 가입한 사십 대와 오십 대가 1020세대의 이탈을 부추겼습니다. 이유가 뭐냐고요? 페이스북에 가입해 들뜬 부모들이 십 대 자녀에게 '친구 신청'을 하기 시작한 거예요. 소셜 미디어는 또래들끼리 사적인 이야기와 정보를 주고받는 공간이잖아요. 부모들의 페이스북 친구 요청을 받아들이면, 더 이상 페이스북 친구들과 자유롭게 이야기를 나눌 수 없습니다. 그렇다고 부모님의 친구 신청을 단칼에 무시하거나 거절하기도 어렵지요.

십 대들은 기성세대가 없는 새로운 소셜 미디어를 찾아 나서기 시작합니다. 때마침 인스타그램이 그들을 향해 손짓하고 있었어요. 젊은 세대가 좋아하는 사진 위주의 소셜 미디어를 만들어, 이미지로 소통하는 새로운 문화를 선보인 거지요. 곧 십 대들은 페이스북을 떠나 인스타그램으로 집단 이주하게 되었습니다.

우린 이미지로
소통한다

캐나다의 미디어 학자 마셜 매클루언은 "미디어는 메시지다."라고 말했습니다. 무슨 뜻일까요? 그는 모든 매체를 '감각기관의 확장'이라고 했어요. 이를테면 책은 눈의 확장, 바퀴는 다리의 확장이지요. 모든 매체는 우리가 세상을 인식하는 방식에 영향을 줍니다. 즉 미디어 그 자체의 특징이 수용자의 인식을 좌우한다는 뜻입니다.

미디어는 크게 신문, 책 같은 문자 매체와 이미지를 기반으로 한 영상 매체로 나눌 수 있습니다. 같은 내용이더라도 매체에 따라 수용 방식은 크게 달라집니다. 문자 매체인 책을 읽을 때는 적극적으로 두뇌 활동을 해야만 합니다. 글자를 한 자씩 읽으면서 내용을 이해해야 하기 때문이지요. 가능한 한 뇌를 덜 쓰려는 습성이 있는 인간은 딱딱한 문자보다 직관적인 이미지를 선호합니다. 게다가 우리의 뇌는 이미지를 기반으로 작동하기 때문에 글보다 영상이나 사진이 머릿속에 더 생생하게 남게 됩니다. 인스타그램은 바로 이 점을 공략했습니다.

오감을 자극하는 '이미지 천국' 인스타그램

인스타그램은 이미지 위주로 소통하는 소셜 미디어입니다. 텍스트가 중심인 페이스북의 콘셉트와는 다르지요. 인스타그램에서는 유독 음식이나 애완견의 사진을 자주 볼 수 있습니다. 자신이 이를 통해 느꼈던 황홀한 감정을 사람들과 공유하고 싶기 때문이에요.

말과 글만으로 내 고양이의 화난 표정이 귀엽다고 설명하거나 지난 주말에 먹은 킹크랩의 맛이 환상적이었다고 묘사를 하면, 상대방이 나의 느낌을 생생하게 이해할 수 있을까요? 깊게 공감하기는 어렵겠지요. 이때 사진 한 장을 보여 주면 구구절절 말하지 않아도 내 감정을 잘 전달할 수 있어요.

사진으로 소통하는 인스타그램은 광고의 장이기도 합니다. 여행, 맛집, 패션 광고 등이 유난히 많아요. 음식 사진을 보면 저절로 군침이 돌고, 여행 사진을 보면 당장 떠나고 싶어집니다.

이는 우리가 눈으로 본 정보를 거부감 없이 받아들이고, 즉각 반응하기 때문이에요. 시각을 통해 보고 느끼는 행위는 시식 행사 같은 직접 체험과 비슷한 효과를 냅니다. 다른 사람의 영향을 받지 않고, 내가 직접 체험하고 스스로 판단했다고 여기게 되는 거지요. 그래서 '보는 것이 믿는 것'이라는 말도 있잖아요. 그래도 논리정연한 글이나 말을 더 신뢰하지 않느냐고요? 이는 듣는 사람에 따라 오히려 경계심을 불러일으킬 수 있습니다. 논리적으로 하나하나 따지다 보면, 결함을 발견하기도 쉽고요.

인스타그램에는 사진뿐 아니라 짧은 영상도 올릴 수 있어요. 영상은 풍부한 정보를 담고 있지요. 음식 조리하는 법을 배운다고 해 봅시다. 단순히 글로만 "무를 보기 좋게 썰어 주세요."라고 설명하면 이해하기 어렵잖아요. 이미지 또는 동영상으로 동작을 설명할 때 훨씬 따라하기 쉬운 법이지요.

오랜 역사를 자랑하는 이미지 소통

인스타그램이 등장하면서 비로소 이미지 위주로 소통하는 세대가 등장한 것은 아닙니다. 오히려 문자 소통의 역사가 더 짧지요. 우리나라 사람 대부분이 문자로 소통하게 된 지는 100년 정도밖에 되지 않았습니다. 1446년 훈민정음이 반포되었지만 1894년 갑오경장 때에 이르러서야 한글이 국문으로 공식 인정되었습니다.

그러나 곧 일본의 식민 지배를 받게 되어, 한글 사용이 금지되었고, 해방 후 모든 사람이 학교에서 교육을 받게 된 뒤에야 문자 소통이 일반화됐습니다. 그럼 그전까지는 어떻게 의사소통했느냐고요? 주로 말과 이미지를 통해 의사를 표현했습니다.

문자 소통은 인류 역사상으로도 오래된 일이 아니에요. 중세 초기만 해도 유럽에서 글을 읽을 수 있는 사람은 100명 중 1명 정도에 불과했습니다. 동서양 가릴 것 없이 많은 종교는 조각과 그림으로 가르침을 표시하고 전달해 왔습니다. 절에는 불상과 탱화가, 유럽의 오래된 성당과 교회에는 다양한 성화와 십자가 조각이 있었습니다. 이러한 예술 작품들은 글을 읽지 못하는 사람들에게 종교의 메시지를 전달하는 역할을 해 왔습니다. 즉 인류 역사의 오랜 기간 동안 사람들은 글자가 아닌 말과 이미지를 통해서 소통했지요.

우리 '이미지 세대'는 별종이 아닙니다!

문자로 소통하게 된 지가 얼마 되지 않았다고는 하지만, 요즘 종종 나이 든 '문자 세대'는 글자보다 영상으로 소통하기를 좋아하는 젊은 세대를 별종으로 보는 경향이 있어요. 하지만 이를 젊은 세대만의 유별난 습관으로 보는 것은 좁은 관점입니다. 과거 역사를 고려하면 젊은 세대가 인스타그램, 유튜브 같은 이미지 기반의 소셜 미디어를 즐겨 쓰는 것은 자연스러운 일입니다. 게다가 스마트폰과 소셜 미디어가 없던 시기에 성장한 세대와 어려서부터 모바일 기기가 있는 환경에서 자란 세대는 다를 수밖에 없잖아요. 기성세대는 이를 시대의 변화로 받아들이고 젊은 세대를 이해할 필요가 있습니다.

최근에는 이미지 소통의 연령층이 다양해지고 있습니다. 스마트폰 보급 초기에 걸어 다니면서도 화면에서 눈을 떼지 않는 이들은 주로 1020세대였지요. 그런데 지금은 여러분의 부모님은 물론 할머니, 할아버지도 스마트폰을 즐겨 쓰시지 않나요? 노인 세대도 분명 새로운 문화를 받아들이고 있습니다. 새로운 기기에 적응하는 속도가 다르고, 이용 기회가 적어서 늦게 시작한 것뿐이지요. 나이, 성별, 지역에 상관없이 사람들은 저마다 미디어와 관계를 맺고 있습니다.

인스타그램이
대세인 이유

 Z세대를 대표하는 미국의 십 대들은 어떤 소셜 미디어를 가장 선호할까요? 2019년 기준 1위는 스냅챗(Snapchat), 2위는 인스타그램, 3위는 페이스북입니다. 인스타그램은 35%의 선택을 받은 반면에, 페이스북은 6%에 그쳤습니다. 2012년에는 더 높았던 페이스북의 인기를 인스타그램이 빠르게 추월한 거예요.

 국내 상황도 비슷합니다. 2019년 12월 기준 국내 페이스북 이용자는 1,388만 명, 인스타그램 이용자는 1,523만 명으로, 인스타그램 이용자가 조금 더 많습니다. 유독 이십 대가 인스타그램을 활발하게 이용한다고 합니다. 게다가 2020년 정보통신정책연구원의 조사에 따르면, 소셜 미디어 중 유일하게 인스타그램만 성장세를 기록했습니다. 인스타그램이 Z세대를 포함한 많은 사람들의 취향을 저격한 이유를 파헤쳐 봅시다.

부담 없이 나를 표현하는 인스타그램 '스토리'

스냅챗은 미국 전역에서 인기를 끄는 모바일 메신저입니다. 설정한 시간이 지나면 보낸 메시지가 자동으로 사라지는, 독특한 특징을 지닙니다. 사진이나 동영상 등의 게시물을 올리는 '스토리' 기능도 있지요. 스토리에 올린 게시물은 24시간 동안만 공개됩니다. 잠깐, 스냅챗이 인스타그램 스토리를 똑같이 따라 한 게 아니냐고요?

오히려 그 반대에 가깝습니다. 인스타그램이 2016년 스토리 기능을 처음 출시했을 때, '스냅챗 카피캣'이라는 비판을 받았어요. 24시간 후 사라지는 기능뿐 아니라, 사진 필터까지 유사하게 만들었으니까요. 업계의 비난이 이어졌지만 인스타그램은 승승장구했습니다. 출시 8개월 만에 인스타그램 스토리를 사용하는 사람의 수는 스냅챗 이용자 수를 넘어서게 됐습니다.

스토리는 국내 인스타그래머들에게도 사랑받는 기능입니다. 2019년 인스타그램 최고 경영자 아담 모세리Adam Mosseri는 "한국 내 스토리 게시물의 양이 작년에 비해 50% 이상 증가했다."라고 밝혔습니다. 이용자 중 중·고등학생과 대학생의 비중이 40%나 되는 것으로 보아, 유독 Z세대가 스토리를 즐겨 사용했음을 알 수 있습니다.

아담 모세리는 스토리의 인기 요인으로 '부담이 없다'는 점을 꼽았습니다. 기존과 달리 게시물이 24시간 동안만 노출되고, 친구의 반응을 나만 살펴볼 수 있기 때문이지요. 스토리는 타인의 평가에 대한 두려움을 덜어 주면서도 표현의 욕구를 실현하게 하는 신기한 기능입니다.

계정 따라 바꾸는 나의 아이덴티티

최근 인스타그램의 선풍적인 인기를 '다중 계정'에서 찾기도 합니다. 전통 사회에서는 한 사람이 여러 정체성을 갖는다는 것은 상상하기 어려웠어요. 하지만 현대 사이버공간에서는 이용자들이 '다중 자아' 또는 '다중 정체성'을 손쉽게 운용할 수 있습니다. 한때 유행했던 세컨드 라이프*나 싸이월드가 좋은 예시입니다.

인스타그램은 또 다른 자아를 여러 개 생성하기 좋은 소셜 미디어입니다. 여러 개의 계정을 쓸 수 있기 때문이에요. 2개 이상의 계정을 만들어 정보를 선택적으로 공개하는 이용자들이 많습니다. 한 계정은 모두에게 공개하고, 다른 계정은 친한 사람들과만 소통

---

* 사용자들이 자신의 아바타를 만들어 현실과 같은 환경에서 자신이 하고 싶은 행위를 하는 온라인 게임

하는 식으로 말이지요. 비공개 계정은 좀 더 사적인 공간으로 인스타그램을 이용하는 겁니다. 공개 계정을 '린스타'(리얼 인스타그램 real Instagram의 줄인 말), 비공개 계정을 '핀스타'(페이크 인스타그램 fake Instagram의 줄인 말)로 부르기도 합니다.

페이스북의 경우, 누구나 자신의 이름으로 된 계정 하나만을 써야 합니다. 2개 이상의 계정을 만들어 이용하면 1인 1계정이라는 페이스북 내부 규정에 따라 계정이 삭제될 수 있습니다. 이와 달리 인스타그램은 한 이용자가 여러 개의 계정을 만들 수 있습니다. 아예 별명이나 가명을 사용해도 됩니다.

인스타그래머들은 이러한 인스타그램의 기능을 통해 새로운 자아를 적극적으로 만들어 냅니다. 이렇게 상황에 맞춰 가면을 바꿔 쓴다는 뜻의 '멀티 페르소나(multi-persona)'는 서울대 소비트렌드 분석센터가 발간하는 『트렌드 코리아 2020』에서 2020년 사회 변화 키워드 중 하나로 꼽히기도 했지요. 페르소나는 가면을 나타내는 그리스어에서 유래한 말로, '외적 인격' 혹은 '가면을 쓴 인격'을 의미합니다.

우리의 숨은 욕구를 채우는 '핀스타'

인스타그램 이용자가 여러 개의 계정을, 그것도 익명으로 운영하는 이유는 무엇일까요? 이러한 현상은 우리의 잠재된 욕망에서

비롯한 것입니다. 인간에게는 '익명 표현의 욕구'가 있어요. 페이스북 익명 게시판 '대나무숲'을 보면 수많은 비밀 이야기가 마구 등장하잖아요. '임금님 귀는 당나귀 귀'를 외쳤던 동화 속 주인공처럼 우리는 신분이 드러나지 않을 때 더 솔직해질 수 있습니다.

공개 계정에서는 진솔한 이야기를 하기 어렵습니다. 누구나 내 계정을 볼 수 있다는 사실이 스스로의 생각을 '필터 처리'하게 만들기 때문이에요. 따라서 많은 인스타그램 이용자는 비공개 계정을 따로 두고, 친한 친구들하고만 관계를 맺습니다. 아예 아무에게도 자신의 정체를 공개하지 않고 익명으로 활동하는 이용자도 있습니다.

앞서 말했듯이 우리는 '다중 자아의 욕구'가 있습니다. 누구나 하나의 정체성만으로 살아가기는 어려워요. 법정에서 준엄한 판결을 내리는 재판관도 집에 돌아와 어머니 앞에서는 사랑스럽고 귀여운 아들딸이 되는 것처럼요.

미국의 사회심리학자 모리스 로젠버그Morris Rosenberg는 우리의 자아 개념은 고정적이지 않고, 역동적이라고 말합니다. 그는 자아 개념을 세 가지로 설명합니다. 첫째는 '현실 속의 자아(the extant self)'로, 스스로가 보는 나를 말합니다. 둘째는 '욕망하는 자아(the desired self)'로, 개인이 원하는 것을 반영한 개념입니다. 셋째는 '표현하는 자아(the presenting self)'로, 다른 사람들에게 보여 주고 싶

은 자아입니다. 누구나 세 가지 자아 개념을 모두 갖고 있습니다. 인스타그램과 같은 소셜 미디어는 '욕망하는 자아'와 '표현하는 자아'를 드러내기 좋은 공간입니다. 다중 계정을 운영하면 드러낼 수 있는 자아의 가짓수도 늘어나게 마련이지요.

인스타그램은 이미지 위주의 소통과 다중 계정의 기능을 통해 젊은 세대의 대표적인 소셜 미디어로 자리 잡았습니다. 그렇다면 이토록 '핫'한 인스타그램에 문제는 없을까요?

인스타그램 속 나,
진짜일까

　인스타그램이 젊은 세대의 소셜 미디어로 인기를 누리게 된 배경에서 셀카 문화를 빼놓을 수 없습니다. 셀카를 찍고 공유하는 문화는 스마트폰이 보급된 이후 생겨난 현상의 하나입니다. 스마트폰의 발명 덕분에 누구든 언제나 셀카를 찍을 수 있게 됐거든요. 손안에 최고급 카메라를 갖고 다니는 셈이니까요. 2013년 영국의 옥스퍼드 영어 사전은 '셀카'(영어로는 selfie)를 '올해의 단어'로 뽑기도 했어요. 인스타그램에는 멋진 풍경 사진들도 많지만, 그 풍경 속에 내가 있는 셀카라야 완벽한 '인증샷'이 됩니다. '셀카봉'은 필수 아이템이 되었고, 누구나 얼짱 각도를 숙지해야 하는 세상이 왔습니다. 이렇게 찍은 셀카는 지인뿐만 아니라 불특정 다수에게 공

개할 수 있어요. 인스타그램은 셀카를 공유하기 안성맞춤인 공간'
이잖아요.

셀카를 위한 스마트폰의 화질 경쟁

최신 스마트폰은 셀카를 얼마나 멋지게 찍는지 경쟁합니다. 한 기업은 앞면 카메라의 렌즈를 2개나 부착한 스마트폰을 출시했어요. 1600만 화소, 800만 화소입니다. 왜 렌즈가 2개나 되냐고요? 고급스러운 인물 사진을 위해서입니다. 렌즈 하나는 선명하게 인물을 찍고, 다른 렌즈는 배경을 흐릿하게 찍은 뒤에 사진을 한 장으로 합성합니다. 그러면 배경이 흐려져 인물만 돋보이는 '아웃포커싱 사진'이 되지요. 카메라 기능이 장착된 휴대전화가 처음 등장했을 때부터 셀카 기능이 중요시된 것은 아니에요. 어디까지나 뒷면 카메라가 중심이었고, 앞면 카메라는 기껏해야 영상통화 등의 보조적 용도로 쓰였지요. 그러다 사람들이 너도나도 셀카를 찍으면서 기업들도 앞면 카메라의 기능을 개선하고자 노력하게 되었습니다.

인스타그램에서 사진을 촬영하고 공유할 때는 어떤 필터를 쓰는지도 중요합니다. 인스타그램에 올라온 멋진 풍경과 인물 사진들 상당수는 있는 그대로의 모습이 아니에요. 필터와 사진 보정 앱으로 아름답게 꾸민 이미지입니다. 필터 기능은 꾸미지 않은 민낯으로 사진을 찍어도 '풀 메이크업'을 한 것처럼 만들어 주지요. 피부는 뽀얗게, 치아는 하얗게, 눈동자는 크고 선명하게 표현하는 사진 보정은 소셜 미디어 환경에서 새로운 미의 기준으로 받아들여집니다.

'프사' 처럼 수술해 주세요!

그런데 '셀카 속 나'와 '진짜 나'를 혼동하는 사람들이 늘고 있습니다. 영국 런던의 성형외과 의사인 티지언 이쇼 Tigion Ishao 는 재밌는 사실을 의학계에 보고합니다. 몇 년 전에는 성형외과에 연예인 사진을 들고 오는 게 일반적이었는데, 요즘에는 필터로 보정된 '자신의 사진'을 보여 준다는 거예요. "이 사진의 나처럼 만들어 주세요."라는 요구와 함께 말입니다.

이를 '스냅챗 이형증(snapchat dysmorphia)'이라고 불러요. 스냅챗 이형증은 현실 속 자신의 모습과 필터로 보정된 자신의 이미지를 착각하는 상태를 말합니다. 의학계는 이를 일종의 정신 질환이라고 판단했어요. 2018년 미국의학협회의 학술지 《JAMA》에 '필터링된 이미지는 현실과 환상 간의 경계를 흐리게 만들고, 자신의 신체적 특징을 제거해야 할 결함으로 느끼게끔 한다.'라고 경고하는 논문이 실리기도 했습니다.

실제로 소셜 미디어의 프로필 사진을 자신의 이상적 얼굴 상태로 생각하며, 아름다운 셀카를 찍기 위해 성형수술을 하는 사람들이 늘고 있습니다. 미국안면성형재건외과학회의 조사 결과에 따르면, 환자의 수술 동기 중 '더 멋진 셀카 사진을 위해서'라는 응답이 2017년 기준 55%로, 2016년 13%에 비해 4배 이상 늘어났습니다.

솔직히 말하면, 소셜 미디어 속 나의 얼굴은 현실과 거리가 멉니다. 눈은 왕방울 만하고, 눈썹은 짙고, 코는 오뚝하고, 턱선은 가냘프고, 티끌 하나 없이 뽀얀 우윳빛 피부의 사람은 현실에 존재하지 않잖아요. 그래서 '프사기'(프로필 사진과 사기를 합친 말)라는 신조어도 등장한 거지요. 여러분은 셀카 속 자신의 얼굴을 어떻게 받아들이고 있나요?

'인스타그래머블' 한 순간은 정말 좋을까

인스타그램에 '#instagrammable'을 입력하니 20만 개가 넘는 사진이 검색됩니다. 파리의 에펠탑을 배경으로 찍은 사진, 탐스러운 디저트를 클로즈업한 사진 등을 볼 수 있지요. 이렇게 인스타그래머블한 순간은 겉보기에 화려하고 멋있습니다. 하지만 사진 속 주인공들은 정말로 행복할까요?

겉으로 행복해 보이는 것과 진짜 행복한 것은 다릅니다. 인스타그래머블한 사진은 실제 모습을 온전히 반영한다고 보기 어렵습니다. 우리가 멋있다고 느끼는 사진 중 일부는 다른 사람에게 자랑하기 위해서 멋지게 꾸미거나, '좋아요'를 받기 원하는 순간에 불과할 수 있습니다. 사회적 존재인 인간이 다른 사람들의 인정과 관심을 추구하는 것은 자연스러운 현상입니다. 하지만 그러한 욕구가 정상적 생활을 방해할 정도로 지나쳐서는 안 돼요. 특히 나에 대한 허상의 이미지를 만들어 내고, 그 가짜 이미지를 자신과 동일시하는 행위는 위험한 결과를 불러올 수 있어요.

인스타그래머블한 순간을 포착하려다 부상을 당하거나, 심지어는 사망에 이르는 경우도 허다합니다. 인도의 한 의학 저널 논문에 따르면, 2011년 10월부터 6년 동안 전 세계에서 셀카를 찍다가 숨진 사람은 259명에 달합니다. 사망자의 평균 나이는 23세에 불과했습니다. 인도 뭄바이시는 사고를 막기 위해 관광지 16곳을 '셀카 금지 구역'으로 지정했습니다. 모두가 선망하는 관광지에서 멋진 셀카를 찍는 인스타그래머블한 순간이 크나큰 비극을 불러온 겁니다.

정리해 볼까요? 인스타그램 이용자가 꾸준히 증가하면서 디지털 가상 세계가 현실 세계에 미치는 영향은 날로 커지고 있습니다. 이런 상황에서 인스타그램을 아예 안 쓰거나 차단하는 것은 답이 될 수 없습니다. 대신에 진짜가 아닌 가상의 이미지가 넘쳐 나는 세상에서 어떤 태도를 갖추어야 할지 생각해 볼 필요가 있습니다. 진짜 모습과 만들어진 가짜 이미지를 가려낼 줄 알아야 합니다. 이를 구분하지 못하면 '스냅챗 이형증'이라는 정신 질환을 앓게 될 수도 있습니다.

렘브란트와 고흐가 주는 교훈

자화상을 즐겨 그린 화가들이 많습니다. 그중에서도 17세기 네덜란드 화가 렘브란트 Rembrandt van Rijn 가 대표적입니다. 렘브란트는 평생에 걸쳐 100여 점의 자화상을 완성했습니다. 십 대 시절부터 죽음을 앞둔 육십 대까지, 자신의 다양한 얼굴을 화폭에 담았습니다. 요즘이라면 '셀카광'이라고 불렸을 거예요. 그런데 렘브란트가 미술의 역사에 이름을 남긴 이유는 단순히 자화상을 많이 그렸기

▲
〈자화상〉
(1630년, 스톡홀름국립박물관)

▶
〈사도 바울의 모습을 한 자화상〉
(1661년, 암스테르담국립미술관)

때문은 아닙니다. 그림이 유난히 아름다워서도 아니에요. 바로 자신의 얼굴을 꾸밈없이 사실적으로 그렸기 때문입니다.

젊은 시절에는 붉은빛을 띤 소년의 건강한 아름다움이, 화가로서 부와 명성을 누리던 시기에는 자신만만함과 여유로움이 자화상에 잘 드러나 있습니다. 아내를 잃고 파산한 늘그막에는 주름진 얼굴에 수심이 가득해 보입니다. 내면의 모습을 솔직하게 담아낸 렘브란트의 자화상은 자신을 좀 더 아름답고 근사하게 표현하기 위해 노력한 화가들과 차원이 다릅니다.

고흐 Vincent van Gogh 도 자화상으로 유명합니다. 렘브란트처럼 자신의 내면을 화폭에 담고자 했습니다. 고흐는 평생 가난과 정신 질환에 시달리며 불운한 삶을 살았어요. 그의 굴곡진 삶을 잘 반영한 작품이 〈귀에 붕대를 감은 자화상〉(1889)입니다. 고흐는 정신 질환으로 자신의 귀를 자르기까지 했습니다. 그림 속 그의 귀는 붕대로 둘둘 말려 있지요. 초점 흐린 눈빛에서는 불안한 심리도 절절하게 느껴집니다.

렘브란트나 고흐와 같은 화가들은 '디지털 자화상'을 찍는 우리에게 큰 가르침을 줍니다. 가장 아름답게 꾸민 것이 높은 평가를 받지는 않는다는 사실입니다. 자신이 무엇을 추구하고 표현하려고 하는지 드러날 때, 사람들에게 감동을 준다는 것을 알 수 있습니다. 셀카를 인스타그램에 공유하는 것도 자화상과 같은 하나의 표현 수단입니다. 필터링, 보정으로 아름답고 결점 없이 보정된 완벽한 미모에 집착할 필요는 없어요. 좋은 소통 방법은 화가들의 자화상처럼 자신을 가감 없이 표현하는 것일지도 모릅니다.

✳✳✳ 쓸모 있는 TMI ✳✳✳

인스타그램에서 '좋아요'가 사라진다고?

여러분은 타인의 게시물을 둘러보면서 '좋아요'가 몇 개인지, 누가 하트를 눌렀는지 확인하나요? 앞으로는 그럴 수 없을지도 몰라요. 2019년 11월, 인스타그램이 게시물의 좋아요 수를 노출하지 않는 기능을 한국에서 시범 운영한다고 했기 때문이지요. 사진 및 동영상에 좋아요 숫자나 조회 수 대신 'X님 외 여러 명'으로 표시됩니다. 정확한 수치는 계정 소유자만 볼 수 있어요. 인스타그램은 "이용자가 타인의 반응에 대한 부담을 덜고, 자신 있게 게시물을 올리기 위해서"라고 합니다. 이 기능이 도입되면 인스타그램 환경에 어떤 변화가 있을까요?

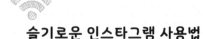

슬기로운 인스타그램 사용법

우리는 이미지 중심의 모바일 세상에 살고 있습니다. 이는 거부할 수 없는 사실이에요. 현명한 사용법은 서비스를 아예 사용하지 않는 것도, 과도하게 몰두하는 것도 아닙니다. 무엇이 인스타그램 사용자의 슬기로운 대처법인지, 구체적으로 알아봅시다.

① 게시물, 진짜라고 믿으면 실망할걸?

늘씬한 팔다리와 잘록한 허리를 가진 마네킹의 옷맵시는 흠잡을 데가 없어요. 그런데 마네킹만 보고 옷을 덜컥 샀다가 후회한 경험, 한 번쯤 있지 않나요? 시침 핀이 수없이 꽂혀 있는 마네킹의 뒷모습을 미처 보지 못한 탓입니다.

인스타그램의 게시물도 있는 그대로의 모습이 아닙니다. 자랑과 홍보를 위해 꾸며진 이미지임을 인지해야 합니다. 마네킹의 앞면처럼 남들의 부러움을 더 많이 사거나, 상품을 더 많이 팔기 위해서 긍정적인 모습을 부각하는 것은 당연합니다. 따라서 언뜻 보면 눈에 띄지 않는, '뒷면'을 알아채는 감각이 필요합니다.

인스타그램을 자주 사용하다 보면 데이터가 축적돼 맞춤형 광고가 뜰 거예요. 화려한 사진에 홀려 결제를 클릭하기 전, 마네킹을 떠올려 봅시다. 앞뒤 다른 마네킹처럼 광고의 뒷면에는 어떤 함정이 도사리고 있을지 몰라요. 광고에 한정된 조언이 아닙니다. 유명인이 사치스럽게 '플렉스(flex)'하는 모습을 보며 부러워할 필요도 없어요. 그들은 가장 화려한 모습만 공개한 것이기 때문이지요.

② 내 용도에 맞게 설정값을 바꿔 볼까?

19세기 사상가 헨리 소로Henry Thoreau는 산업화가 숨 가쁘게 진행되던 대도시를 떠나, 호숫가에 자그마한 오두막을 짓고 홀로 살았지요. 하지만 그가 기술 문명 자체를 멀리한 것은 아니었어요. 소로는 자신의 필요에 맞춰 선택적으로 기술을 사용했어요.

이는 21세기 우리에게 시사점을 줍니다. 헨리 소로의 태도처럼 우리는 무슨 용도와 목적으로 인스타그램을 쓰고 있는지 점검해 봐야 합니다. '초기 설정값'은 나 자신을 위해 맞춤화된 게 아닙니다. 다수 이용자의 편의 혹은 해당 회사의 이윤을 극대화하기 위해서지요. 이용자들이 서비스에 머무르는 시간을 늘리고, 광고 효과도 높이는 것이 목적입니다. 그러므로 우리는 인스타그램을 포함한 소셜 미디어를 사용할 때, 설정값을 재조정할 필요가 있습니다. 그렇지 않으면, 서비스 설계자의 의도대로 움직이게 됩니다.

예를 들어, 인스타그램에서 소수의 친구와만 소통하고 싶은 이용자가 있다고 해 봅시다. 그럴 땐 나의 정보를 불특정 다수에게 공개할 필요가 없지요. '설정'에 들어가 '공개 범위'를 '비공개'로 선택하고, 친한 친구 리스트를 만들어 스토리를 일부에게만 공유하면 됩니다. 인스타그램에 있는 첨단 기능도 모두 써 볼 필요는 없습니다. 자신이 필요한 기능 위주로 사용하는 게 현명합니다.

네 번째 이야기.
언론
#게이트키핑 #어젠더 세팅

4

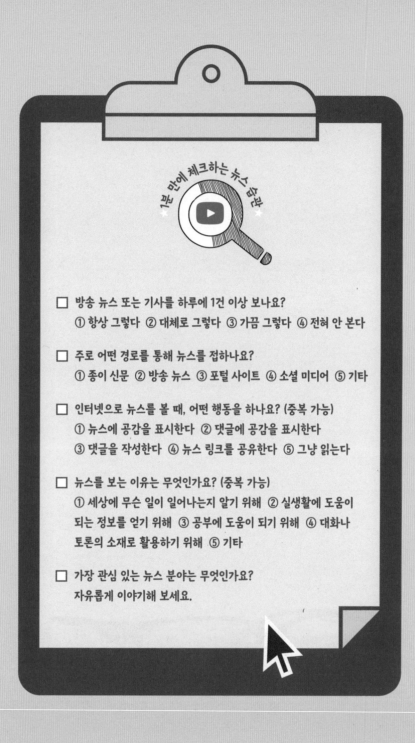

1분 만에 체크하는 뉴스 습관

☐ 방송 뉴스 또는 기사를 하루에 1건 이상 보나요?
　① 항상 그렇다 ② 대체로 그렇다 ③ 가끔 그렇다 ④ 전혀 안 본다

☐ 주로 어떤 경로를 통해 뉴스를 접하나요?
　① 종이 신문 ② 방송 뉴스 ③ 포털 사이트 ④ 소셜 미디어 ⑤ 기타

☐ 인터넷으로 뉴스를 볼 때, 어떤 행동을 하나요? (중복 가능)
　① 뉴스에 공감을 표시한다 ② 댓글에 공감을 표시한다
　③ 댓글을 작성한다 ④ 뉴스 링크를 공유한다 ⑤ 그냥 읽는다

☐ 뉴스를 보는 이유는 무엇인가요? (중복 가능)
　① 세상에 무슨 일이 일어나는지 알기 위해 ② 실생활에 도움이
　되는 정보를 얻기 위해 ③ 공부에 도움이 되기 위해 ④ 대화나
　토론의 소재로 활용하기 위해 ⑤ 기타

☐ 가장 관심 있는 뉴스 분야는 무엇인가요?
　자유롭게 이야기해 보세요.

무엇이
뉴스가 될까?

세계보건기구는 지금까지 총 6회의 '국제적 비상사태'를 선포
했습니다. 2016년 주로 남아메리카에 피해를 준 지카 바이러스,
2019년 콩고민주공화국에서 발생한 에볼라 바이러스, 2019년 중
국에서 시작돼 전 세계를 공포에 떨게 만든 '신종 코로나바이러스
감염증'(코로나19) 등이 있지요.

코로나가 대유행할 때는 온 국민이 가슴을 졸이며 속보를 확인
했습니다. 새로운 확진자가 발생했다는 뉴스가 나올 때마다 확진
자가 방문한 곳과 접촉자들을 확인하며, 혹시 나의 동선과 겹치지
는 않는지 따져 봤지요. 반면에 지카 바이러스와 에볼라 바이러스
에 관한 소식은 언론에서 자주 언급되지 않았고, 국민의 관심도 크

지 않았어요. 남아메리카와 아프리카 지역에 한정된 사건이었기 때문이에요. 이러한 당연한 사실을 통해 '뉴스의 요건'을 알 수 있습니다.

게이트키핑과 어젠더 세팅

뉴스의 요건을 본격적으로 알아보기 전에, '게이트키핑(gate-keeping)'과 '어젠더 세팅(Agenda setting, 의제 설정)'을 이해해야 합니다. 게이트키핑은 문지기(gatekeeper)에서 온 말입니다. 문지기는 문 앞을 지키면서 방문자를 들여보낼지 말지를 결정합니다. 언론사도 마찬가지예요. 게이트키핑은 언론사가 여러 가지 사건 중에서 뉴스가 될 만한 정보를 선택하고, 중요도에 따라 뉴스를 배치하는 과정을 말합니다. 날마다 신문과 방송 뉴스를 보면 게이트키핑이 어떻게 이루어지는지 알 수 있습니다. 맨 앞에 등장할수록, 할애하는 지면 또는 시간이 많을수록 언론사가 주요하다고 판단한 정보입니다. 신문 1면의 3~4건의 기사는 사회적으로 의미 있는 내용을 담고 있지요. 방송에서는 저녁 뉴스의 첫 소식이 신문 1면과 같은 역할을 합니다.

어젠더 세팅은 언론사가 어떤 주제에 대해 특정한 방향과 논의의 틀(frame)을 제공해 여론을 조성하는 것을 뜻해요. 같은 주제여도 언론사의 설립 목적이나 성향에 따라 입장을 달리합니다. 예를 들어, 부동산값이 큰 폭으로 오르게 되면 정부는 실제 집이 필요한 사람을 위해 가격을 안정시키려 합니다. 비싼 집을 여러 채 가진 사람은 투기꾼으로 판단해, 많은 세금을 물리는 정책을 펼치지요. 이때 같은 정책에 대해 언론사마다 서로 다른 관점에서 해석하고 보도합니다. 비싼 집을 소유한 사람들의 입장을 대변하는 언론사는 '세금 폭탄'이라 주장하고, 반대 입장의 언론사는 '집값 안정을 위한 적절한 조치'라고 말하는 식입니다. 신문사의 입장에 따라 정반대의 여론이 형성되기도 합니다.

과거에는 게이트키핑이 언론의 독점적인 기능이었어요. 언론을 통해서만 정보가 유포될 수 있었기 때문이지요. 지금은 소셜 미디어를 통해 누구나 실시간으로 정보를 유통할 수 있습니다. 언론의 고유한 기능이 다양한 매체로 분산됐다고 할 수 있어요. 하지만 여전히 언론은 우리 사회에 지대한 영향력을 발휘하고 있습니다. 언론은 가장 공신력 있는 매체인 데다, 수많은 정보 중 중요한 것을 가려내고, 날카로운 관점을 제시해 주기 때문이지요.

가깝거나 특이한 일들이 뉴스가 된다

뉴스에는 몇 가지 기준이 있습니다. 먼저 거리가 가까운 지역에서 발생하고 최근의 일일수록 중요하게 다뤄집니다. 우리나라 사람들은 호주에서 몇 달간 지속된 산불보다 2019년 이틀간 발생한 강원도 산불에 더 민감하게 반응했습니다. 피해 규모는 호주 산불이 훨씬 더 크지만, 강원도 산불이 한국에 사는 내 생활에 더 많은 영향을 끼치잖아요. 당장 다음 달 수학여행지가 바뀔 수도 있으니까요. 이를 '근접성'이라고 합니다. 가까운 사건이 중요한 이유는, 그 정보의 쓸모가 크기 때문입니다. 코로나19 사태 같은 전염병과 관련된 정보는 수많은 사람의 안전과 경제활동에 영향을 끼치기 때문에 뉴스 가치가 높습니다. 약국에서 마스크를 살 수 있는 요일을 알려 주는 기사는 우리 피부에 와닿는 소식인 거지요.

'특이성'도 뉴스의 요건입니다. '개가 사람을 무는 건 뉴스가 아니지만, 사람이 개를 물면 뉴스가 된다'는 말이 있습니다. 사람이 개를 무는 경우는 흔치 않잖아요. 일상적인 일은 아무리 가까운 곳에서 일어나도 뉴스가 되지 않습니다. 독특한 일이어야 합니다. 이를테면, 다수의 지하철 이용객이 바이러스 감염을 방지하기 위해 마스크를 착용하는 것은 뉴스가 될 수 없어요. 일상적인 일이니까요. 하지만 누군가 대중교통을 이용할 때 라텍스 장갑을 끼거나 방독면을 쓴다면 뉴스가 될 수 있겠지요. 실제로 중국에서 생수통을 잘라 방독면처럼 머리에 쓰고 다닌 가족들의 사진이 우리나라에 보도된 적이 있습니다. 사람들은 새로운 것에 반응하기 때문에 기자는 늘 신기한 사건을 좇습니다. 그러다 지나치게 흥미 위주로 뉴스를 전하는 선정주의가 언론의 문제점으로 제기되기도 합니다.

2020년 3월 서울 강남역에서 마스크를 쓴 시민들이 출근하고 있다.

뉴스에는 나쁜 소식만 가득하다?

언론은 나쁜 소식만 보도한다며 뉴스를 안 보는 사람도 있습니다. 보도되는 뉴스 중에는 부정적인 소식이 많은 게 사실이에요. 언론은 평온한 상태보다 과격한 시위처럼 첨예한 대립 상황에 관심을 가집니다. 국가 간 무역 분쟁, 노사 갈등 등은 언제나 주요하게 보도되지요. 혀를 끌끌 차게 만드는 사건들도 뉴스의 단골 소재입니다. 수많은 사람이 희생된 재난 보도, 끔찍한 범죄 현장, 정치인과 권력자들의 추잡한 뒷거래 등이 부정적 뉴스의 예시입니다.

거액의 기부금을 낸 '얼굴 없는 천사' 같은 훈훈한 미담 기사도 이따금 실리지요. 하지만 부정적 기사에 비하면 가물에 콩 나듯 등장합니다. 왜일까요? 뉴스는 안내 방송과 비슷하기 때문입니다. 안내 방송이 화재 등 비상사태가 발생했을 때 흘러나오는 것처럼 언론도 누구나 주의해야 할 정보를 안내합니다. 분실한 지갑이 고스란히 주인의 손에 돌아왔다는 훈훈한 소식은 긴박하게 전달하지 않아도 되지요. 언론이 유독 불행과 친한 이유에는 공익적인 목적이 있어요. 사회와 개인을 여러 위험으로부터 보호하기 위해 어떤 사건과 범죄가 발생했는지 알리는 겁니다.

때때로 범죄 보도가 흥미 위주로 흐르는 경우가 있습니다. 엽기적인 범죄가 어떻게 이뤄졌는지 자세히 설명할 때는 뉴스인지 범죄 영화인지 헷갈릴 정도예요. 제대로 된 언론이라면 사건의 피해 상황과 구조적 원인, 이에 따른 대책 위주로 보도하는 것이 맞지요. 대립이나 갈등 상황을 보도할 때도 과격한 장면만 집중해서 보여 주는 경우가 있는데, 이보다는 갈등이 발생한 배경과 해결 방안을 모색하는 데 집중할 필요가 있습니다.

이제 신문이 부정적 기사로 가득한 이유를 알겠지요? 기사를 읽을 때, 나쁜 소식이 가득하다고 해서 비관적으로만 생각할 필요는 없어요. 아무리 세상이 좋아져도 신문이나 방송에는 암울한 뉴스가 가득할 겁니다. 언론은 늘 비판적인 자세를 유지하고, 부정적인 뉴스 위주로 전달해야 하기 때문이지요. 이러한 언론의 생리를 이해하면 세상을 좀 더 균형 있게 바라볼 수 있을 거예요.

언론이 최초와 1등만 기록하는 이유

최초로 달에 착륙한 우주 비행사는 누구인가요? 맞습니다. 닐 암스트롱Neil Armstrong입니다. 하지만 암스트롱과 함께 달에 착륙해 두 번째로 달 표면에 발을 디딘, 버즈 올드린Buzz Aldrin을 기억하는 사람은 드물 거예요. 언론의 관심 밖이었기 때문이에요. 언론은 철저하게 1등만, 정확히 말하면 '최초'만 보도합니다. 2등 또는 서너 번째를 보도하기도 하지만, 매우 드문 일이지요.

언론이 최초를 중시하는 이유는 무엇일까요? 바로 '변화'를 의미하기 때문입니다. 최초는 지금까지 불가능하던 일이 비로소 가능해졌음을 보여 줍니다. 1969년 닐 암스트롱의 달 착륙이나, 1927년 찰스 린드버그Charles Lindbergh가 최초로 대서양 단독 비행 횡단에 성공한 사실은 인류가 불가능을 극복했음을 보여 줍니다.

또 다른 예시도 있어요. 1997년 공군사관학교에 처음으로 여자 생도가 입학했습니다. 남성 장교를 양성하는 시설이 여성을 포함한 교육 시설로 바뀐 거예요. 모든 언론에서 이 소식을 대문짝만 하게 실었습니다. 그런데 다음 해 입학한 여자 생도는 언론의 주목을 받았을까요? 아니지요. 최초가 아닌 소식은 뉴스거리가 되지 못합니다.

이처럼 뉴스는 단순히 어제의 일을 알려주는 것이 아닙니다. 과거를 통해 현재 어떤 일이 진행되고 있는지, 앞으로 어떻게 전

개될 것인지를 짐작할 수 있게 합니다. 어제의 사건을 읽는 이유는 결국 오늘과 내일을 준비하기 위해서입니다.

그렇다면 세상을 이해하고 다가올 미래에 대비하기 위해서 최대한 많은 뉴스를 읽는 게 좋을까요? 더 많은 정보가 항상 유익하지는 않아요. 우리는 세상의 모든 정보를 다 받아들일 시간도, 능력도 없습니다. 그럴 필요도 없고요. 그 대신 제한된 정보를 통해 세상을 이해하는 힘을 길러야 합니다. 사회 변화의 지표가 되는 최초의 소식이 그래서 중요한 겁니다.

보호와 보도의 갈림길에 선 유명인의 사생활

때때로 유명인의 사생활이 뉴스가 되기도 합니다. 당사자는 사생활 침해라며 언론사를 고소하기도 하지요. 그런데 만약 대통령 후보의 사생활이라면 어떨까요? 구체적인 내용에 따라 다르겠지만, 상대적으로 덜 문제가 됩니다. 왜 연예인과 정치인의 보도 기준이 다른 걸까요?

보도 대상이 얼마나 공적인 일을 처리하는지, 권력과 책임을 어느 정도 소유하는지에 따라 기준이 달라지기 때문입니다. 대통령이나 국회의원 등 선거를 거쳐 공직에 종사하는 사람은 스스로 국민 앞에서 검증받겠다고 약속한 사람입니다. 사회의 공적인 일을 수행하려면 국민으로부터 권력을 위임받아야 하니까요. 그래서 국무총리, 장관, 대법관 등 주요한 공직자들에 대해서는 임명 전에 국회에서 인사청문회를 열어 상세한 검증을 하지요. 반면에 연예인은 이러한 약속을 한 적이 없어요. 이름이 널리 알려져 대중에게 영향력을 행사하기는 하지만, 국가의 권력을 소유하고 있지는 않지요.

'대중의 정당한 관심'도 보도 기준입니다. 하지만 대중이 알아야 할 소식인지 아닌지는 명확하게 구분되지 않아요. 언론사는 표현의 자유를 강조하며, 자신들의 보도를 대중의 정당한 관심이자 국민의 알 권리라고 주장합니다. 유명인의 연애, 결혼 등의 사생활도 대중의 관심에 기초하기 때문에 정당하다는 거예요. 하지만 당사자의 의사를 전혀 고려하지 않는 태도는 돈벌이를 노린 언론사의 잘못된 행태입니다. 대중이 유명인의 모든 사생활을 속속들이 알아야 할 권리를 가진 것은 아니니까요.

그런데 유명 연예인이 마약을 복용하거나 음주운전을 한 것도 사적인 영역으로 보아야 할까요? 유명인의 사회적 물의를 일으키는 경우는 다르게 접근해야 합니다. 이들의 행동이 사회에 악영향을 끼칠 수 있기 때문이에요. 특히 십 대는 아이돌이나 스포츠 스타의 일거수일투족에 관심이 많고, 행동 하나하나에 지대한 영향을 받지요. 선망의 대상이 되는 유명인은 이에 걸맞은 책임을 질 필요가 있습니다. 이들의 잘못을 덮어 주거나 면죄부를 주면, 우리 사회 도덕성의 근간이 흔들릴 수 있어요. 도덕적인 문제를 일으키거나 범죄를 저지르는 것까지 사생활의 영역이라며 보호받을 수는 없는 거지요.

언론은
왜 필요할까?

1987년 6월 민주 항쟁은 군사독재 시대를 끝장낸, 한국 현대사
의 중요한 장면입니다. 시민들의 민주화 운동이 가장 큰 동력이었
지만, 언론의 활약도 대단했습니다. 영화 〈1987〉(2017, 장준환 감독)
에서 기자와 검찰 간부가 대화를 나누는 장면, 기억하나요? 검찰
이 지나가는 말로 "경찰, 이제 큰일 났어."라고 하자, 기자는 "그러
게 말입니다."라며 맞장구를 칩니다. 하지만 컵을 쥔 손은 덜덜 떨
리고 있었어요. 그는 대형 사건임을 짐작하고, 자연스레 대화를 유
도했던 거예요.

실제로 다음 날 《중앙일보》 사회면에 '경찰에서 조사받던 대학
생 쇼크사'라는 제목으로 짧은 기사가 실립니다. 이로써 1987년

민주 항쟁의 도화선이 되었던, '박종철 고문치사 사건'이 세상에 처음으로 알려지게 됩니다. 박종철 씨나 이한열 씨의 죽음이 신문에 보도되지 않았더라면 대한민국의 민주주의 시계는 더디게 흘러갔을 겁니다. 이처럼 언론은 민주주의 사회를 살아가는 우리에게 꼭 필요한 존재입니다.

시간이 흘러 2014년 이후 한국 사회에서는 재벌이나 높은 사람의 '갑질'이 공개적으로 문제 되기 시작했습니다. 또한 '미투' 고발 운동을 통해 힘센 사람들이 권력을 이용해 여성을 성적으로 착취해 온 일들이 불거졌습니다. 갑자기 한국 사회가 타락해서 직장 갑질과 성폭력이 늘어난 것이 아닙니다. 이러한 이슈가 수면 위로 떠오른 이유는 언론이 이 문제를 적극적으로 보도하게 되면서, 더 많은 사람들이 제보를 하고 용기 내어 고발했기 때문입니다. 언론이 보도를 통해 집중적으로 문제를 제기하자 비로소 갑질과 성폭력이 중대한 범죄로 인식되었고, 사람들이 경계심을 강화하게 된 것이지요. 이것이 바로 세상을 움직이는 언론의 힘입니다. 언론이 어떤 기능을 수행하고 있는지 좀 더 자세히 살펴볼까요?

언론, 권력을 매의 눈으로 감시하다

민주주의는 국민이 주인인 정치체제입니다. 우리나라 헌법 제 1조는 "대한민국은 민주공화국이다. 대한민국의 주권은 국민에게 있고, 모든 권력은 국민으로부터 나온다."라고 명시합니다. 하지만 5,000만이 넘는 국민이 국가의 모든 일을 직접 결정할 수 있을까요? 현실적으로 불가능하지요. 따라서 국민은 투표를 통해 자신의 권리를 위임합니다.

국가권력에는 견제 장치가 마련되어 있습니다. 국가의 권력은 입법부, 행정부, 사법부로 나뉘어 있으며, 각각의 국가권력이 서로를 견제하고 감시하게 되어 있지요. 특정 개인이나 집단의 힘이 지나치게 커지는 것을 방지하기 위해서입니다. 그런데 국가권력이 서로의 잘못은 눈감아 주자며 짬짜미하면 어떻게 될까요? 권력이 부패하고 타락하게 됩니다. 이런 권력기관 간의 내통을 감시하는 또 하나의 '비리 적발 시스템'이 바로 언론입니다.

2017년 박근혜 전 대통령 탄핵 과정에서 전국의 신문과 방송은 국정 농단의 실태를 세상에 알렸습니다. 언론이 보도하기 전에는 국정을 감시, 견제하도록 한 삼권분립 체제가 힘을 못 쓰고 있었어요. 보도를 통해 사실을 알게 된 수백만 명의 분노한 시민들은 줄기차게 대규모 촛불 집회를 이어 나갔습니다. 국회의원들은 여당과 야당을 가리지 않고, 시민들의 뜻을 반영해 국회에서 대통령을 탄핵했습니다. 국가 최고 권력인 대통령을 몰아내는 데 언론 보도가 결정적 역할을 한 셈이에요.

정리하자면, 언론은 입법, 행정, 사법의 세 국가권력이 제 역할을 하고 있는지 감시합니다. 정부가 중대한 비리를 저지르지는 않는지, 국회가 입법 기능을 제대로 수행하고 있는지, 법원이 뒤를 봐주고 있지는 않은지 1년 365일 내내 감시합니다. 언론이 존재하지 않거나 제대로 작동하지 않는다면, 우리 사회는 투명하게 유지될 수 없을 거예요. 그래서 언론을 입법부, 행정부, 사법부에 이어 '제4부'라고도 말합니다.

언론, 국민의 눈과 귀가 되다

여러분은 기자회견이나 기자 간담회를 실시간으로 본 적이 있나요? 그렇다면 분주하게 자판을 두드리거나 마이크를 들고 질문하는 기자의 모습이 익숙할 거예요. 대통령이나 장관 같은 고위 공직자들은 기자들 앞에서 상황을 보고하거나, 따로 만나 정책 홍보를 하는 것이 업무의 일부입니다. 기업에도 언론 응대를 담당하는 홍보 팀이 존재합니다. 고위 공직자, 기업 관계자, 유명인 등이 모든 국민을 직접 만날 수 없기 때문에 언론인을 대표로 만나는 것입니다. 기자는 필요하다면 누구든 만나서 무엇이든 질문할 수 있습니다. 언론은 새로운 정보를 취재하는 직업 특성상 누구보다 먼저 중요한 정보를 알게 됩니다.

기자에게 이러한 특권이 주어지는 이유는 무엇일까요? 언론은 공동체 생활을 하는 데 필요한 정보를 제공하고, 권력을 감시해야 하는 의무가 있기 때문입니다. 국민의 눈과 귀와 입이 되어, 보고 듣고 전달하는 일을 하지요. 모든 사람들이 각자 자기 일에만 관심을 쏟고 공동체에 관련된 일에 무관심하다면, 그 사회는 제대로 유지될 수 없습니다. 공공의 일에 관심을 갖고, 개선하려는 노력이 있어야 공동체는 제대로 굴러갈 수 있지요.

언론은 국민과 국가권력 간의 중간 다리 역할을 합니다. 국민들은 기자들이 취재한 뉴스를 보고, 유명인의 말과 생각을 자세히 알 수 있어요. 또한 대통령이나 국회의원은 언론을 통해 자신의 정책에 대해 국민과 전문가가 어떻게 생각하는지 파악할 수 있습니다. 언론이 국민의 알 권리를 대신해 일하기에 가능한 일이지요.

그런데 언론이 주어진 특권을 제멋대로 사용하거나, 권력기관과 손을 잡는 일이 종종 발생합니다. 권력기관을 감시하고 시민의 권리를 보호하기 위한 언론이 스스로 '또 하나의 권력기관'이 되는 역설적 현상입니다. 언론의 막강한 힘에는 막중한 책임이 따른다는 사실을 유념하면서 다음 장을 읽어 보도록 하지요.

권력이 된
언론

　수렵·채집 사회와 농경 사회에서는 자연의 위협으로부터 사람들을 보호하고, 식량을 확보하는 게 인생 최대의 과제였습니다. 과거에는 육체적으로 힘센 사람이 권력을 쥐는 시대였지요. 힘이 장사인 사람이 소위 말해 '인싸'였을 거예요. 오늘날 지식·정보 사회에서도 그럴까요? 주먹을 잘 쓰는 사람을 보면 위협을 느낄 수는 있어요. 하지만 한 사람이 몸에 지닌 힘은 한계가 분명합니다. 기껏해야 서너 사람에게 사용할 수 있기 때문이지요. 총칼처럼 도구의 힘을 빌려도 수만 명을 제압하기란 무리입니다.

　지식·정보 사회에 들어선 오늘날에는 어떤 능력이 각광받을까요? '미디어를 잘 다루는 능력'이라고 할 수 있습니다. 미국의 미래

학자 앨빈 토플러^{Alvin Toffler}는 "정보사회에서는 권력이 지식에서 나온다는 게 특징"이라고 말했습니다. 미디어는 말과 글을 통해 지식을 전달합니다. 사람은 평소 무엇을 듣고 읽는지에 따라서 저마다의 생각을 형성하게 되고, 그에 맞춰 행동하지요. 새롭고 중요한 정보라고 판단하면 그에 따라 자신의 태도와 행동을 바꾸게 마련이니까요. 물리적 힘과 달리 말과 글은 수많은 사람의 마음을 좌지우지하며, 무한한 영향력을 행사합니다.

힘으로 다른 사람의 행동을 막을 수는 있지만, 그 사람의 생각을 바꿀 수는 없지요. 이와 달리 언론은 수많은 사람들의 마음을 움직이고, 생각을 바꾸는 힘을 가지고 있습니다. 언론이 태생적으로 강력한 힘을 가질 수밖에 없는 이유입니다.

언론은 어떻게 '또 하나의 권력'이 되었을까?

미디어는 '세상을 보는 창'입니다. 창을 통해 바깥세상의 모습을 볼 수 있지요. 하지만 세상의 전부를 볼 수는 없어요. 미디어를 창문에 비유한 이유는 창에 담기는 정보만 우리에게 전달되기 때문입니다. 세상의 많은 정보와 다양한 모습 가운데서 우리가 마주하는 장면은 미디어가 우리에게 보여 주기로 마음먹은 것들뿐이지요. 게이트키핑과 어젠더 세팅을 떠올려 보세요. 언론 보도는 '있는 그대로'를 보여 주는 게 아니라 의도에 따라 선택된 결과임을 잊지 말아야 합니다.

정보를 선택적으로 전달하는 과정에서 언론은 여론을 주도하며 엄청난 영향력을 행사합니다. 그런데 때때로 언론은 자신의 힘을 부적절하게 사용합니다. 감시의 의무를 저버린 채, 특정 권력 집단에 유리한 보도를 하는 겁니다. 정치계, 경제계와 언론사 사이의 긴밀한 관계를 가리키는 정언유착(政言癒着), 경언유착(經言癒着)이라는 용어가 따로 존재할 정도이지요. 물론 언론사의 성향에 따라 특정 사안에 대해 입장을 달리할 수는 있어요. 하지만 권력의 힘에 굴복해 보도를 자체적으로 검열하는 경우와는 엄연히 다릅니다. 공공의 이익을 추구해야 하는 언론이 재벌과 같은 특권층이나 특정 권력의 이익을 대변하는 태도는 비난을 받아 마땅합니다.

언론은 권력을 대하는 태도에 따라 다양한 별명으로 불립니다. 먼저 '워치독(watchdog)'입니다. 권력이 제멋대로 사용되는 실태를 꾸짖는 언론의 모습을 감시견에 비유한 겁니다. 권력의 손에 길들여진 언론은 애완견 같다고 해서 '랩독(lapdog)'으로 불리지요. 기득권 구조에 편입되어 권력 그 자체가 된 언론은 '가드독(guard dog)', 즉 경비견이라고 합니다. 마지막으로 중요한 사건을 언론이 모른 척할 때는 '슬리핑독(sleeping dog)'이라고 불러요. 언론이 어떤 별명으로 불려야 하는지는 말하지 않아도 알겠지요?

언론을 법으로 통제해도 될까?

입법부, 사법부, 행정부 등 법률에 따른 기관은 권력을 잘못 행사하거나 남용하면 규정에 따라 처벌을 받습니다. 그런데 언론은 국가기관이 아니에요. 따라서 언론이 권한을 잘못 사용하더라도 규제와 처벌이 쉽지 않습니다. 세 가지 이유를 들어 볼게요.

첫째, 언론을 법으로 규제하는 것은 표현과 사상의 자유를 억압하는 것으로 이어지기 때문입니다. 미국은 수정헌법 제1조에 아예 '표현의 자유를 제한하는 어떠한 법도 만들 수 없다'고 명시해 놓았습니다. 미국은 언론의 자유가 최우선으로 보장되는 나라입니다. 우리나라도 표현의 자유가 보장되는 민주주의 사회이지요. 과거에 정부가 언론을 규제하려고 시도했었지만, 격렬한 반대에 부딪혀 대부분 성공하지 못했습니다.

둘째, 언론사는 대부분 사적 자금이 투입된 민간 기업이기 때문이에요. 공공의 일을 하지만 공적 기관은 아니지요. 다양한 목적과 배경을 갖고 설립되었기 때문에 국가가 하나의 잣대로 통제할 수 없습니다. 재벌이 만든 언론은 재벌의 이익을 앞세우고, 장애인 인권을 위해 만든 언론은 장애인을 위한 보도를 하며, 종교 단체가 설립한 신문사는 해당 종교적 가치의 확산을 목적으로 언론 활동을 하는 거지요. 또한 언론은 뉴스 보도를 하는 게 주된 일인데, 이를 규제하면 언론사가 큰 타격을 받을 수도 있습니다.

셋째, 텍스트의 의미는 단일하게 해석할 수 없는, 모호한 경우가 많습니다. 언론 보도는 기본적으로 말과 글로 이뤄집니다. 여기에는 사람의 생각과 의도가 다양한 형태로 담기는데, 글은 수학 공식처럼 딱딱 떨어지는 게 아니잖아요. 문제가 된 보도도 그런 의도가 아니었다고 항변하면 납득되는 경우도 있어요. 언론이 자신의 임무를 제대로 수행하지 못하거나, 가짜 뉴스의 폐해가 심각해도 이를 법으로 처벌하기가 쉽지 않은 까닭입니다. 프랑스의 과거 사례를 살펴보면서 이 난제의 실마리를 찾아보도록 하지요.

프랑스가 언론인에게 관용을 거둔 이유

프랑스는 '똘레랑스(tolérance)'와 다양성의 나라로 알려져 있습니다. 똘레랑스, 즉 관용은 상대를 너그럽게 용서하고 이해한다는 뜻이에요. 그런데 제2차 세계대전 직후 언론인에 대해서는 관용 없이 가혹한 처벌을 내렸습니다. 그 이유는 무엇일까요?

프랑스는 제2차 세계대전 때 4년간 나치 독일의 지배를 받았습니다. 프랑스 레지스탕스(독일에 대항하는 저항 운동)가 파리를 되찾은 후, 나치 편에 섰던 부역자들은 대대적으로 숙청당합니다. 프랑스의 나치 부역자 처벌은 단호했어요. 9,000여 명의 나치 부역자들이 총살과 교수형으로 처형당했지요.

그런데 프랑스는 특정 직업인에게 더 가혹한 형벌을 내렸습니

제2차 세계대전 당시 연합군과 레지스탕스 당원이 적에게 총구를 겨누고 있다.

다. '최우선 가중처벌'의 대상은 언론인과 작가였습니다. 사형당한 부역자의 약 10%인 870여 명은 독일이 점령한 기간 동안 나치 편에서 글을 쓴 언론인들이었어요.

전쟁이 끝난 1945년 5월, 프랑스는 부역자 처벌을 위한 특별법원을 설립하여 정식 재판을 열었습니다. 이때 추가로 사형당한 부역자가 400여 명인데, 그중 절반인 200여 명이 언론인과 문필가였습니다. 레지스탕스를 이끌며 대독 항전을 지휘하고, 전후 프랑스 임시정부 수반과 초대 대통령을 지낸 샤를 드 골Charles De Gaulle은 "언론인은 도덕의 상징이기 때문에 첫 심판대에 올려 가차 없이 처단해야 한다."라고 말했습니다.

프랑스의 사례에서 어떤 교훈을 얻을 수 있을까요? 바로 큰 힘에는 큰 책임이 따른다는 사실입니다. 개인의 이익을 취하기 위한 언론인의 행동이 수많은 사람에게 악영향을 미칠 수도 있습니다. 따라서 언론은 권력의 내밀한 정보를 파고들되, 늘 그들과 거리를 유지해야 합니다. 언론 스스로 책임 의식을 가져야 언론의 품격을 높일 수 있습니다.

스마트폰 시대,
뉴스 읽기

요즘 사람들은 종이 신문을 펼치거나, 9시 저녁 뉴스를 목 빠지게 기다리지 않습니다. 스마트폰만 있으면 언제 어디서나 새로운 소식을 알 수 있기 때문입니다. 참 편리한 세상입니다. 그뿐만이 아니에요. 인터넷은 우리에게 관심 있는 뉴스를 추천해 주기까지 합니다.

맞춤형 기술은 원래 광고에 주로 쓰입니다. 여러분도 인터넷 서핑을 하다가 자신의 관심사를 반영한 측면 광고를 본 적 있지요? 환절기 건강에 관련한 기사를 검색한 기록이 있으면 영양제 광고를, 여드름 치료 병원을 검색한 사람에게는 여드름 치료제 광고가 다음번 검색 때 따라붙습니다. 신혼여행지를 검색한 이용자에게는 호텔과 쇼핑 광고가 노출되고요. 인터넷은 이용자에 관한 다양한 통계와 사용 기록을 활용할 수 있기 때문에 관심사를 반영한 맞춤형 서비스가 가능한 거지요.

당신은 이 뉴스가 궁금할걸?

이제 뉴스도 광고처럼 추천받는 시대입니다. 국내 최대 포털 사이트 네이버는 2017년부터 자체 개발한 인공지능 기반의 콘텐츠 추천 시스템 '에어스(AiRS)'를 모바일 뉴스 일부에 적용했습니다. 2019년에는 아예 모바일 첫 화면에 뉴스와 실시간 검색어를 없애고, 맞춤형 뉴스 서비스를 확대했지요. 다음카카오 또한 2015년 '루빅스(RUBICS)' 시스템을 도입해 이용자에게 최적화된 뉴스를 제공하고 있습니다.

그런데 한 조사에 따르면, 10명 중 2명만이 AI가 골라 주는 맞춤형 뉴스 서비스에 만족했습니다. 뉴스를 개인 선호에 따른 맞춤형으로 제공하는 것과 모두에게 동일한 뉴스를 제공하는 것 중 무엇을 선호하는지 묻자, 약 60%가 '모두에게 동일한 뉴스 제공'을 선택했습니다. '개인 선호에 따른 맞춤형 제공'을 선호하는 응답은 약 20%에 불과했습니다. 나머지는 '상관없다'고 답했지요. 네이버, 다음과 같은 포털 사이트도 맞춤형 뉴스를 시행하고 있지만, 여전히 '가장 많이 본 뉴스', '열독률 높은 뉴스', '연령별 인기 뉴스'를 순위별로 제공하고 있습니다.

사람들이 맞춤형 뉴스에 만족하지 않고, 대중의 관심을 궁금해하는 이유는 무엇일까요? 바로 인간의 사회적 소통 욕구 때문입니다.

왜 사람들은 가장 많이 본 뉴스를 클릭할까?

사람들은 뉴스를 통해 알게 된 정보를 바탕으로 다른 사람들과 소통하고 싶어 합니다. 나의 관심사 위주로만 뉴스를 보면 폭넓은 소통을 하기 어렵지요. 500만, 1,000만 관객의 블록버스터 영화가 인기를 얻는 것도 사람들의 취향이 모두 비슷해서는 아닙니다. 다른 사람들이 공유하는 정보를 나도 알고 싶고, 같이 이야기를 나누고 싶기 때문에 영화관으로 향하는 거예요. 추천받은 뉴스보다 '가장 많이 본 뉴스'에 눈길이 가는 이유도 이와 같지요.

그렇다면 나의 관심사와 다른 사람들의 관심사 중 무엇을 위주로 읽어야 할까요? 무엇이 옳다 그르다 말하기 어렵습니다. 이 둘은 서로 연관되어 있는 데다 각자 다른 의미로 유용하기 때문이에요. 여러분이 한 기업의 CEO 또는 주식 투자자라고 가정해 봅시다. 그러면 어떤 뉴스를 봐야 할까요? 경제 분야만이 아니라 직접 관련 없어 보이는 뉴스까지 살펴봐야 합니다. 사람들의 심리와 생각이 중요하게 작동하는 곳이 주식시장이에요. 금리와 환율, 국제

1793년 거행된 마리 앙투아네트의 처형식 장면

유가 동향은 물론이고, 국내 금융시장과 투자 심리에 영향을 끼칠 만한 뉴스도 읽어야 하지요. 자신의 평소 관심사를 반영한 맞춤형 뉴스도 꼼꼼히 읽되, 대중의 관심사도 두루 살펴봐야 합니다.

다만, 맞춤형 뉴스에만 집중하는 것은 위험할 수 있어요. 스위스 출신 작가 알랭 드 보통 Alain de Botton 은 『뉴스의 시대』에서 프랑스 루이 16세 Louis XVI 의 왕비 마리 앙투아네트 Marie Antoinette 가 단두대에서 비극적 최후를 맞게 된 이유를 '맞춤형 뉴스의 폐해'로 설명합니다. 앙투아네트 왕비가 한 도시에서만 수천 명이 굶주리고 있다는 암울한 뉴스는 듣기 싫어하고, 무도회에 오는 귀족 부인들의 새로운 드레스 소식에만 신경을 쏟은 결과가 그녀를 단두대로 이끌었다는 게 작가의 설명입니다.

많은 사람이 관심을 쏟는 뉴스라면 나의 기존 관심사가 아니어도 의식적으로 확인해 볼 필요가 있습니다. 그렇다고 해서 이 세상의 모든 뉴스를 샅샅이 읽어야 한다는 뜻은 아니에요. 정보가 넘쳐나는 이 시대에 뉴스를 읽는 현명한 태도는 무엇인지 알아볼까요?

'데이터 스모그' 속 뉴스 읽기

여러분 가정에서는 신문을 구독하나요? 요즘 신문을 정기 구독하는 사람들은 많이 없을 거예요. 인터넷에서 뉴스를 보는 게 편리하고 익숙하거든요. 신문은 인터넷보다 느리고, 지면에 담을 수 있는 양에도 한계가 있습니다. 또한 기사의 배치를 통해 언론사의 의도를 읽을 수는 있어도 대중의 실시간 반응은 확인할 수 없지요. 하지만 신문의 이러한 제한적 환경이 정보를 효과적으로 습득하는 데에는 도움이 될 수 있습니다. 왜일까요?

우리 뇌는 자극적인 정보에 먼저 반응하도록 설계돼 있습니다. 본능적으로 어려운 정보보다 단순하고 충격적인 뉴스에 눈길이 갑니다. '가장 많이 본 뉴스'에 유독 자극적인 정보가 가득한 이유입니다. 그런데 인간의 주의력은 한계가 있잖아요. 흥미 위주로 뉴스를 이용하게 되면, 정작 생각거리를 제공해 주는 중요한 뉴스를 보지 못할 수 있어요. 꽤 오랜 시간 포털에서 뉴스를 봤는데도 나중에는 내가 무슨 뉴스를 봤는지 생각나지 않거나, 애초에 검색하려던 정보가 무엇이었는지 길을 잃고 마는 경우도 있지요.

반면에 신문은 중요한 뉴스만 선별해 지면을 구성합니다. 독자는 품질이 떨어지거나 자극적인 뉴스를 덜 만나게 마련입니다. 기사마다 실시간 반응을 확인할 수 없는 것도 때로는 장점이 됩니다. 남들의 생각에 휘둘리지 않고, 나만의 생각을 정립할 수 있기 때문입니다.

오늘날은 정보가 너무 많아서 되레 부작용이 걱정되는 '정보 범람'의 시대입니다. '데이터 스모그(data smog)'라는 용어도 널리 쓰이고 있지요. 넘치는 정보에 익사할 것만 같은 요즘 시대에는 높은 품질의 정보만 골라 읽는 능력이 어느 때보다 중요합니다. 인터넷에서 뉴스를 읽다 자주 길을 잃는다면, 종이 신문을 읽어 보는 것도 좋은 방법이겠지요.

✳✳✳ 쓸모 있는 TMI ✳✳✳

전국의 신문사와 기자의 수는 몇일까?

전국에는 10대 일간지와 통신사 이외에도 수많은 신문사가 있어요. 국내 종이 신문과 인터넷 신문을 발행하는 신문사는 몇 곳이나 될까요? 한국언론진흥재단에 따르면, 2018년 말 기준 실제 발행이 확인된 신문사는 4,384곳이라고 합니다. 이 중 인터넷 신문은 2,900곳, 종이 신문은 1,484곳입니다. 신문사에 종사하는 기자는 2만 6,213명으로 조사됐어요. 그중 일간지 기자는 9,753명에 달합니다. 부문별로는 취재기자, 편집기자, 사진(영상)기자, 교열기자 순으로 많았습니다.

슬기로운 뉴스 독해법

미디어를 현명하게 읽기 위해서는 내용의 근거와 그 기준이 적절한지 따져 봐야 합니다. 중요하거나 관심 있는 뉴스 한두 가지를 붙잡고, 질문하는 훈련을 해 보는 건 어떨까요? 기사 읽기를 두려워할 필요는 없어요. 신문 기사는 전문가의 눈높이에 맞춰 쓴 글이 아니기 때문이에요. 전문 지식 없이도 누구나 이해할 수 있는 간단명료한 문장으로 구성되어 있지요. 지금부터 기사 읽기의 기초 스텝을 찬찬히 밟아 봅시다.

① 제목과 첫 문장이 핵심!

신문을 읽을 때, 제목을 주의 깊게 봐야 합니다. 지면에서 차지하는 제목의 크기가 클수록 중요하다고 판단된 기사입니다. 제목은 마치 상품의 이름이나 광고 카피와 같아요. 짧게 압축되어 있지만, 많은 정보를 담고 있잖아요. 그야말로 언론사의 색이 드러나는 '판단의 결정체'라고 할 수 있지요.

제목 아래 첫 문장에는 항상 핵심 내용이 들어 있습니다. 이를 '두괄식 구성'이라고 불러요. 중요한 내용일수록 앞에 나오고, 부수적인 내용일수록 뒤에 나옵니다. 강서 PC방 살인 사건을 다룬 실제 기사를 예로 들어 볼게요. 기사는 "강서 PC방 살인 사건의 범인으로 지목돼 1심에서 징역 30년이 선고된 김성수(30) 씨의 항소심에서도 검찰이 1심처럼 사형을 구형했다."로 시작하고, "이들에 대한 항소심 선고는 다음 달 27일 오전 10시 10분에 내려진다."가 마지막 문장이었습니다. 첫 문장에 중요한 정보가 압축적으로 등장하고, 마지막 문장은 상대적으로 덜 중요해 보입니다. 역삼각형 구조의 원리를 알고 있으면 기사를 끝까지 읽지 않아도 내용을 빠르게 이해할 수 있지요.

② 왜 이 용어를 골랐는지 질문하기

무심코 쓰인 단어가 화자의 의도와 평소 생각을 보여 주듯, 기사에 쓰인 표현 하나하나도 의미가 있습니다. 2020년 중국 우한에서 발생한 코로나19 사태 때도 용어 혼란이 있었어요. 처음에는 '우한 폐렴'이라고 쓰다가 세계보건기구가 권장한 공식 질병 이름인 '코로나바이러스감염증-19'로 바꾸기로 했습니다. 세계보건기구는 2015년 새로운 전염병 이름 짓기 원칙을 세우면서 지명, 인명, 문화, 산업, 직업군이 포함된 병명을 사용하지 말라고 권고했습니다. 이는 자칫 특정 집단에 대해 혐오와 차별을 유발할 수 있기 때문이지요. 그래서 지명이 들어가는 '우한 폐렴'이 아니라 '코로나19'가 된 거예요. 그런데 일부 언론은 '우한 폐렴'을 고집했어요. 정부가 중국 눈치를 봐서 이름을 바꿨다고도 주장했습니다. 이는 질병 이름을 선택하는 데에도 언론사의 의도가 담겨 있음을 보여 주는 사례입니다.

잘못된 용어 선택은 사회적으로 그릇된 편견을 강화하기도 합니다. 청소년 범죄나 비행을 지적하는 기사에서 범죄자가 '결손 가정 출

신'이라는 문구를 발견한 적이 있을 거예요. 마치 가정환경 때문에 범죄를 저지른 것처럼 서술되기도 하지요. 가정환경이 원인이 아닌 데도 독자는 가정환경이 문제라고 오해할 수 있습니다. '결손'이라는 표현도 잘못입니다. 결손(缺損)은 어느 부분이 없거나 잘못되어서 불완전하다는 뜻입니다. 다양한 가족의 형태 중에서 부모와 자녀로 구성된 가족만 정상으로 규정한 것이지요. 매우 차별적인 용어입니다.

③ 성향이 다른 신문 비교해 보자

신문 편집의 숨은 의미를 파악하기에 좋은 방법은 무엇일까요? 바로 성향이 다른 두 신문을 비교하는 것입니다. 사안별로 시각의 차이가 확연히 드러날 거예요. 언론 보도는 철저하게 언론사의 관점과 판단이 개입된 결과입니다. 앞에서는 부동산 정책에 관한 예시를 들었습니다. 대학 등록금 인상도 언론사에 따라 보도 방향이 크게 달라집니다. 학생과 가정의 경제적 부담이 학업의 장애물이 되지 않도록 등록금을 인상하지 말아야 한다는 언론이 있는가 하면, 수준 높은 교육과 투자를 위해서 등록금을 대학이 자율적으로 결정할 수 있도록 해야 한다는 언론이 있습니다.

동일한 사안을 다룬 보도라고 해도 언론사의 관점에 따라서 보도 방향이 달라진다는 사실을 알 수 있지요. 어느 한쪽이 절대적으로 옳고, 다른 쪽은 잘못됐다는 뜻이 아니에요. 양쪽 주장 모두 수긍할

수 있는 측면이 있어요. 이를 비교하다 보면 나의 관점이 더 뚜렷해
질 것입니다.

④ 1면부터 넘겨 볼까?

신문은 되도록 1면부터 읽는 것이 좋습니다. 1면은 우리 사회의 '하
이라이트'를 포착한 스냅사진이라고 보면 됩니다. 가장 중요한 사
건이 실리지요. 일반적으로 1면에는 서너 건 정도의 기사가 실리고,
어제 일어난 사건이나 이슈 가운데 가장 생생한 사진이 한 장 게재
됩니다.

1면을 다 읽었으면 한 장 한 장 넘겨 볼 차례입니다. 어떤 기사들이
실렸고 어떤 기사가 크게 다뤄졌는지, 요즘은 어떤 인물이나 사건
이 화제인지 살펴보면 돼요. 각 면의 머리기사 제목을 보면, 해당 분
야의 흐름이 한눈에 들어오지요. 앞서 말했듯이, 제목과 첫 문장 위
주로 읽는 방식은 시간적 여유가 많지 않은 독자들을 위한 하나의
팁이에요. 신문을 넘기면서 평소 흥미 있는 주제나 눈길이 가는 기
사만 꼼꼼히 읽어 보는 거지요. 어때요? 신문 읽기는 그렇게 어려운
일이 아니지요? 꾸준히 신문을 읽다 보면, 우리 사회의 중요한 문제
에 대한 자신만의 시각을 가질 수 있습니다.

다섯 번째 이야기.
가짜 뉴스
#탈진실 #필터 버블

5

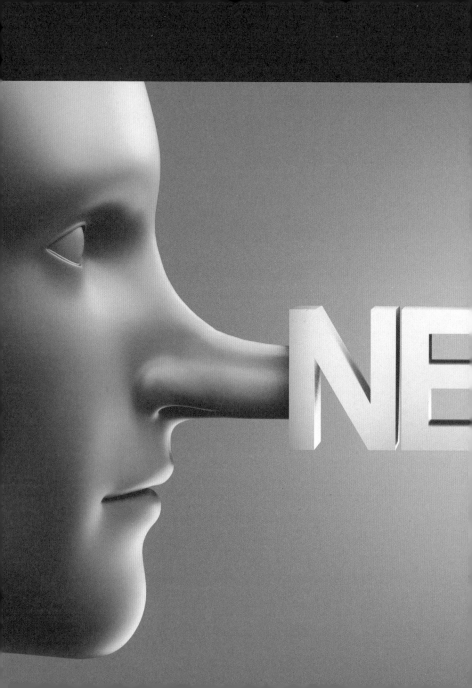

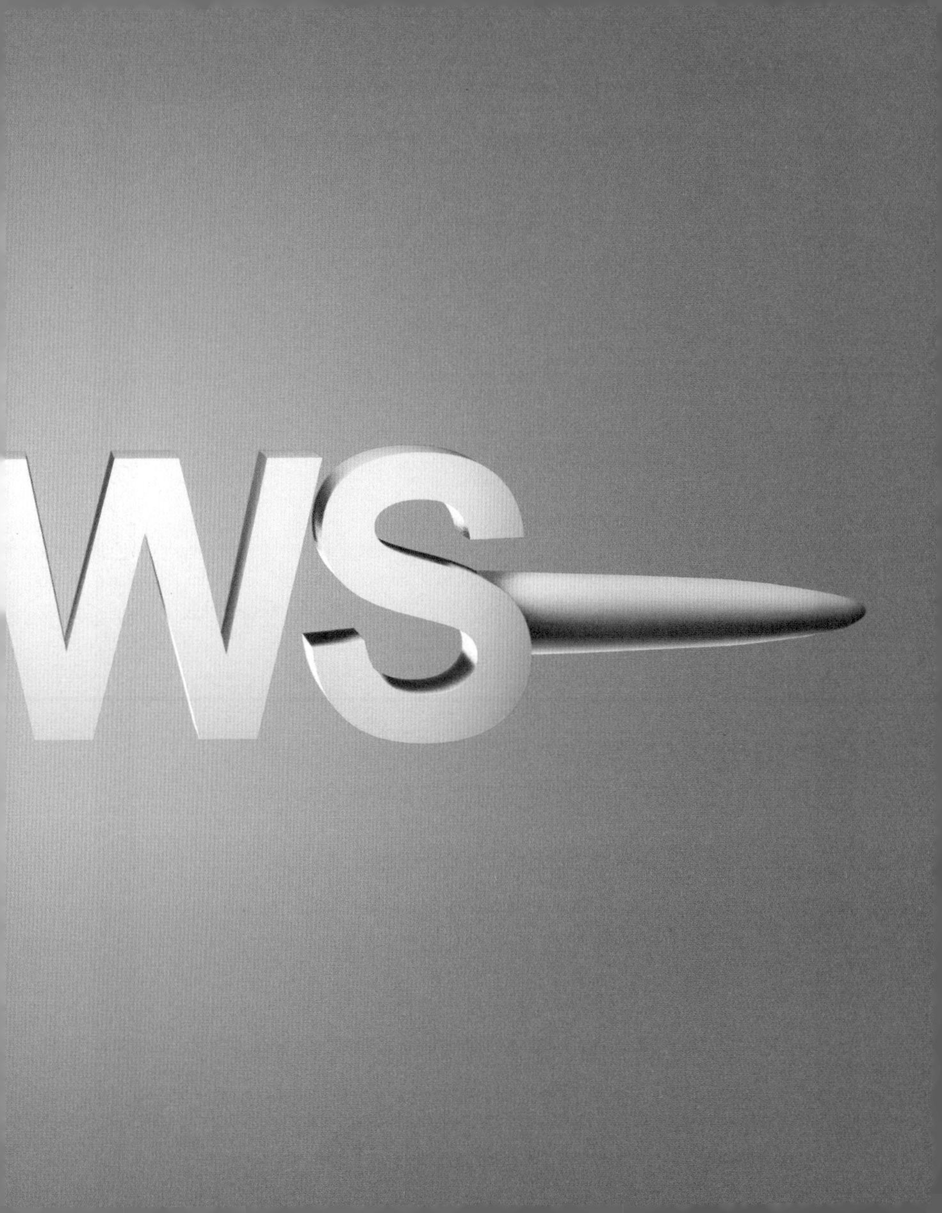
WS

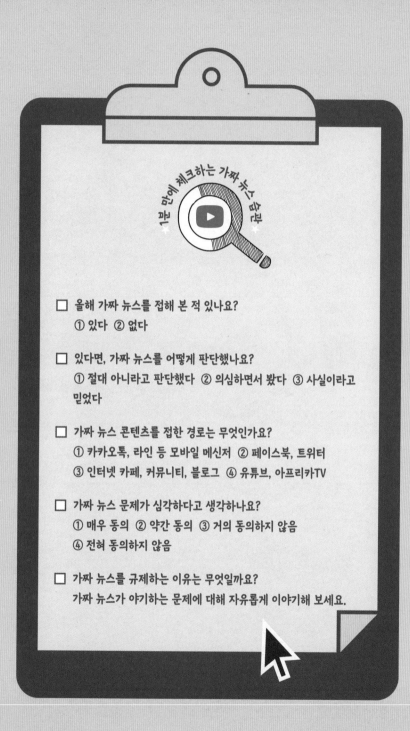

1분 만에 체크하는 가짜 뉴스 습관

☐ 올해 가짜 뉴스를 접해 본 적 있나요?
   ① 있다 ② 없다

☐ 있다면, 가짜 뉴스를 어떻게 판단했나요?
   ① 절대 아니라고 판단했다 ② 의심하면서 봤다 ③ 사실이라고
   믿었다

☐ 가짜 뉴스 콘텐츠를 접한 경로는 무엇인가요?
   ① 카카오톡, 라인 등 모바일 메신저 ② 페이스북, 트위터
   ③ 인터넷 카페, 커뮤니티, 블로그 ④ 유튜브, 아프리카TV

☐ 가짜 뉴스 문제가 심각하다고 생각하나요?
   ① 매우 동의 ② 약간 동의 ③ 거의 동의하지 않음
   ④ 전혀 동의하지 않음

☐ 가짜 뉴스를 규제하는 이유는 무엇일까요?
   가짜 뉴스가 야기하는 문제에 대해 자유롭게 이야기해 보세요.

가짜 뉴스가
나타났다!

'가짜 뉴스(Fake News)' 때문에 세상이 떠들썩합니다. 하지만 가짜 뉴스는 어제오늘의 일이 아닙니다. 동서고금을 막론하고 사기꾼이나 사이비 지도자는 늘 있었어요. 헛소문과 유언비어도 끊이지 않았지요. 하지만 지금처럼 가짜 뉴스가 전 세계적으로 기승을 부린 적은 없었습니다.

참 이상하지요? 지금은 모든 사람이 손에 스마트폰을 쥐고 있어, 언제 어디에서나 즉시 정보를 확인할 수 있는 세상이잖아요. 게다가 오늘날 인류는 가장 교육을 많이 받은 세대입니다. 선진국의 문맹률은 거의 0%에 수렴해요. 이 '스마트'한 시대에 가짜 뉴스가 활개를 치는 배경은 무엇일까요?

가짜 뉴스란 용어는 2016년부터 널리 사용되기 시작했습니다.

2016년은 미국의 대통령 선거, 영국 브렉시트(Brexit)* 국민투표가 치러진 해였지요. 당시 인터넷에는 온갖 가짜 뉴스가 넘쳐 났습니다. 영국에서는 유럽연합(EU)을 탈퇴하는 게 이득이라는 뉴스가 온라인을 점령했어요. 영국이 유럽연합에 가장 많은 분담금을 내면서도 혜택은 거의 받지 못한다는 내용이었습니다. 사실, 영국은 유럽연합에서 독일이나 프랑스보다 적은 분담금을 내고 있었습니다. 하지만 상당수의 영국 국민은 이를 사실로 믿었고, 결국 브렉시트가 통과되었습니다. 이후 영국에서는 당시 많은 정보를 제대로 알지 못했다며, 제2 국민투표를 열어 브렉시트를 철회해야 한다는 주장도 나왔습니다.

영국의 옥스퍼드 사전은 2016년 올해의 단어로 '탈진실(post truth)'을 선정하기도 했습니다. 탈진실은 말 그대로 진실에서 벗어났다는 뜻이에요. 객관적인 사실이나 진실보다 개인의 신념이나 감정이 여론 형성에 더 큰 영향을 미치는 현상을 말하지요. 얼마나 가짜 뉴스의 위력이 대단했으면 올해의 단어로까지 선정되었을까요? 가짜 뉴스가 '발병'했던 그 시기에 어떤 일이 있었는지 좀 더 자세히 알아봅시다.

---

* 영국(Britain)과 탈퇴(exit)의 합성어로 영국의 유럽연합 탈퇴를 뜻한다. 브렉시트는 2020년 1월 31일 단행됐다.

여기도 가짜 뉴스, 저기도 가짜 뉴스

대선의 열기로 뜨거웠던 2016년 미국으로 가 봅시다. 소셜 미디어는 대선과 관련된 뉴스로 도배되었지요. 당시 가장 많은 반응을 얻은 뉴스는 무엇일까요? 1위는 '프란치스코 교황의 도널드 트럼프 공화당 후보 지지 선언'입니다. 무려 96만 건의 '좋아요'와 공유하기, 댓글이 달렸습니다. 2위는 '힐러리 클린턴^{Hillary Clinton} 민주당 후보가 테러 집단 이슬람국가(IS)에 무기를 판매했다'는 뉴스입니다.

놀랍게도 1, 2위를 차지한 뉴스 모두 사실이 아니었어요. 미국 뉴스·엔터테인먼트 사이트 버즈피드(BuzzFeed)에 따르면, 미국 대선 막바지 3개월 동안 가짜 뉴스가 주류 뉴스보다 더 많이 읽혔고, 더 뜨거운 반응을 얻었습니다. 문제는 몇몇 사람들이 이를 사실로 믿고 범죄까지 저지른 겁니다.

2016년 12월, 미국의 '카밋 핑퐁(Comet Ping Pong)'이라는 피자 가게에서 한 남성이 소총을 발사하며 난동을 부리다 경찰에 체포됩니다. 그는 경찰 조사에서 "피자 게이트가 진짜인지 두 눈으로 확인하고 싶었다."라고 말했습니다. '피자 게이트'는 민주당 대선 후보인 힐러리 클린턴이 비밀리에 아동 성 착취 조직을 운영하고 있다는 소문입니다. 사건 현장으로 지목된 곳은 바로 카밋 핑퐁의 지하실이었습니다. 하지만 지하실은 존재하지도 않았어요. 힐러리를 난처하게 만들기 위한 허위 정보였으니까요. 팩트 체크 전문 사이트 스놉스 닷컴(Snops.com)과 《뉴욕타임스》등을 통해 피자 게이트는 이미 거짓으로 드러났는데도, 여전히 가짜 뉴스를 더 신뢰한 겁니다.

가짜 뉴스는 유럽 대륙에도 상륙했습니다. 2016년 초 독일에서는 '베를린에서 한 미성년자가 난민들에게 성폭행을 당하고 살해됐다'는 가짜 뉴스가 퍼졌습니다. 난민 보호 정책을 펴던 앙겔라 메르켈Angela Merkel 총리에게 불리한 여론을 형성하기 위해서였지요. 당시 총선을 앞두고 있던 상황에서, 메르켈이 히틀러의 딸이라거나 동독 비밀경찰인 슈타지(Stasi) 출신이라는 황당한 가짜 뉴스도 횡행했습니다. 그런가 하면 그해 말, 오스트리아 대통령으로 당선된 후보는 선거운동 기간 내내 치매를 앓고 있다는 가짜 뉴스에 시달렸습니다.

국내도 무풍지대가 아닙니다. 2016년 박근혜 대통령의 탄핵 과정에서 결정적 역할을 했던 태블릿 PC, 기억하나요? 그런데 박 전 대통령의 지지층 사이에서 '최순실(최서원)의 태블릿 PC가 조작됐다'는 뉴스가 널리 확산되었습니다. 여러 차례 법원과 공신력 있는 전문가들에 의해 태블릿 PC는 조작되지 않은 증거물이라는 사실이 명확하게 밝혀진 바 있어요. 그런데도 일부 사람들은 태블릿 PC 조작설을 굳게 믿고, 시위에까지 나선 겁니다.

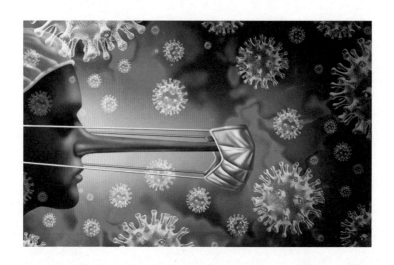

　2020년 코로나19 사태에서도 가짜 뉴스는 바이러스에 버금가는 전파력을 드러냈어요. 그중 하나는 감염 여부를 확인하는 자가 진단법입니다. '숨을 깊게 들이쉬고 10초 이상 참았을 때, 기침과 답답함 등이 없다면 감염되지 않은 것'이라는 글은 검증되지 않은 정보였지요. '눈으로 바라보기만 해도 전염된다', '코로나 확진자를 격리 수용해도 이웃 주민들에게 공기로 전염될 수 있다'는 등의 가짜 뉴스는 사람들의 불안과 공포를 부추겼습니다.

　명백히 잘못된 가짜 뉴스는 사건을 더 키우기도 했습니다. 한 교회가 소금물로 바이러스를 없앨 수 있다는 말을 믿고, 신자들 입에 소금물을 직접 뿌린 거예요. 그로써 하루 동안 신자 40여 명이 코로나19에 집단감염 되는 사태가 초래됐습니다.

가짜 뉴스, 대체 왜 만드는데?

2016년 가장 많은 관심을 받은 가짜 뉴스는 '교황의 트럼프 지지 선언'이라고 했지요. 이런 해괴한 정보를 퍼뜨린 자는 누구일까요? 놀랍게도 동유럽 마케도니아의 작은 도시, 벨레스(Veles)의 십대 소년들이었습니다. 이들은 친트럼프 성향의 뉴스를 제작했지만, 특정 후보의 지지자는 아니었어요. 미국과 9,600km 떨어진 곳에 사는 데다 투표권도 없었고요.

가짜 뉴스를 만든 이유는 순전히 돈을 벌기 위해서였습니다. 벨레스는 청년 실업률이 높고 경제 사정도 좋지 않은 도시예요. 십대 소년들은 뉴스에 광고를 붙여 수익을 얻고자 했던 겁니다.

그들은 BBC와의 인터뷰에서 '2016년 가짜 뉴스 사이트를 운영해, 한 달에 1,800유로(약 240만 원)를 벌었다'고 했습니다. 벨레스 평균 월급 350유로(약 45만 원)의 5배가 넘는 수익입니다. 그들은 트럼프 대선 후보에 대해 미국인의 관심이 높다는 점을 알고, 자극적인 헤드라인을 만들어 유권자의 '무한 클릭'을 유도했습니다.

벨레스의 사례는 순전히 돈을 벌기 위해 가짜 뉴스를 생산한 경우였어요. 이와 같은 경제적 동기가 아닌, 정치적인 목적으로 조작된 정보를 유포하는 사례도 많습니다. 지지 세력에 유리하거나, 반대 세력에 불리한 뉴스를 만들고 유포하는 거예요. 세계 각국의 선거 국면마다 등장했던 가짜 뉴스가 러시아의 소행이었다는 사실이 드러났습니다. 국제 질서를 어지럽혀 다른 나라들을 정치적·사회적 혼란에 빠뜨리는 게 러시아에 이익을 준다고 생각했기 때문입니다. 친러시아 성향의 후보를 대통령에 당선시키기 위한 공작도 있었고요. 국가 차원에서 가짜 뉴스 제작이 이뤄지면 매우 정교해서 많은 사람들이 속아 넘어가게 되겠지요. 가짜 뉴스를 만드는 동기는 다양해도, 공통점이 있습니다. 자신들의 이익을 위해서 의도적으로 거짓말을 만들고, 사회에 피해를 준다는 겁니다.

그렇다면 가짜 뉴스가 가장 많이 창궐하는 시기는 언제일까요? 가짜 뉴스가 급격히 증가한 때는 굵직한 정치적 이슈가 있던 때, 예를 들면 미국의 대통령 선거, 유럽 각국의 선거 국면, 한국의 탄핵 심판과 대선 등을 앞둔 시기였습니다. 선거는 한 사회에서 대표자를 결정하는 중대한 정치적 상황입니다. 유권자와 언론이 후보의 일거수일투족에 관심을 기울이는 시기이지요. 이때 등장하는 자극적인 가짜 뉴스는 세간의 주목을 받게 마련입니다. 그럼 다음 장에서는 우리의 생각과 행동을 좌우하는 가짜 뉴스는 어떤 미디어를 통해 광범위하게 유포되는지 알아보겠습니다.

소셜 미디어,
가짜 뉴스를 만나다

가짜 뉴스가 급속히 번진 배경에는 소셜 미디어가 자리하고 있습니다. 누구나 소셜 미디어를 통해 손쉽게 가짜 뉴스를 유포할 수 있게 되었고, 그 영향력 또한 걷잡을 수 없이 커졌습니다. 소셜 미디어는 스마트폰 이용자들이 가장 오래 머무르는 서비스예요. 소셜 미디어를 통해 뉴스를 확인하는 사람도 많지요. 그중에서 신문, 방송 같은 대중매체의 뉴스보다 소셜 미디어상의 가공된 콘텐츠를 더 신뢰하는 사람들도 많습니다.

그런데 앞서 살펴보았듯이, 스마트폰과 소셜 미디어에서의 뉴스 이용 방식은 예전과 다릅니다. 소셜 미디어에서는 각자가 좋아하는 뉴스나 정보를 집중적으로 찾아보지요. 이러한 뉴스 이용을

'뉴스의 개인화' 또는 '맞춤화'라고 합니다. 그런데 이런 방식으로 뉴스를 이용하다 보면 민주주의 사회의 시민으로서 기본적으로 알아야 할 공공의 사안을 놓칠 수 있어요. 뉴스를 '편식'하게 되는 거지요. 특히 뉴스가 만들어진 앞뒤 사정과 배경을 폭넓게 이해하지 못하게 되고, 자신의 입맛에 맞는 편향된 정보만을 받아들여 한쪽으로 치우친 생각을 가질 수 있습니다. 이처럼 미디어 이용자가 필터링된 정보만 이용하는 현상을 '필터 버블(filter bubble)'이라고 말합니다. 가짜 뉴스를 다룰 때, 반드시 등장하는 용어들을 알아봅시다.

알고리즘이 돕고, 내가 자초하는 필터 버블

필터 버블이라는 용어를 처음으로 사용한 미국 시민 단체 무브온 이사장 엘리 프레이저Eli Fraser는 2011년 "페이스북이 나의 성향을 파악해 반대 정보를 피드에서 삭제해 버렸다."라고 말했습니다. 페이스북이 이용자의 사용 기록을 분석해 각자 관심 있어 할 만한 콘텐츠 위주로 추천했기 때문입니다. 페이스북 입장에서는 이용자가 머무르는 시간이 많을수록 유리합니다. 그래서 이용자가 흥미로운 주제의 게시물을 자주 접할 수 있도록 최선을 다합니다. 소셜미디어 기업의 수익 극대화를 위해 설계된 알고리즘은 필터 버블을 강화하게 마련입니다.

이용자들이 스스로 선택했다고 생각한 정보는 사실 맞춤형 필터가 걸러낸 결과입니다. 소셜 미디어의 개인별 맞춤 서비스를 이용할수록 비눗방울 속에 갇힌 것처럼 객관적인 인식과 멀어지게 됩니다. 내 생각을 뒷받침하는 뉴스만 접하면서 "역시 내가 맞았어!"라고 자신하게 되는 거예요.

그런데 필터 버블의 책임이 소셜 미디어 기업에만 있는 것은 아닙니다. 이용자 스스로 필터 버블을 자초하기도 합니다. 예를 들어 볼게요. 누구나 자신이 지지하는 정당에 우호적인 언론 뉴스나 소셜 미디어 콘텐츠를 보면 크게 공감합니다. 해당 콘텐츠를 자신의 '타임라인'에 공유하기도 하지요. 소셜 미디어를 오래 사용하다 보면 이용자의 타임라인은 비슷한 논조의 뉴스로 가득 채워지게 됩니다. 이에 거부감을 느끼는 사람은 '친구 끊기'를 누르고, 반대로 비슷한 성향의 사람은 좋아요, 댓글, 공유 등을 통해 적극적으로 공감을 표시할 겁니다. 유튜브에서도 마찬가지예요. 나의 성향을 대변해 주는 유튜버만을 구독하는 이용자가 많지요.

여론이 왜곡되는 울림통 효과

실제로, 《사이언스》지의 한 연구에 따르면 페이스북에서는 정치적 성향이 비슷한 사람들끼리 친구를 맺고 정보를 공유합니다. 미국 공화당 지지자의 페이스북에는 공화당에 우호적인 소식이

주로 공유되고, 민주당 지지자들의 페이스북에는 반대로 민주당에 좋은 쪽으로 해석된 뉴스 위주로 공유가 일어난다는 겁니다. 이런 식으로 소셜 미디어를 활용하면, 상반된 관점의 뉴스로부터 스스로 차단될 수 있습니다.

'울림통 효과(echo chamber effect)'도 필터 버블과 비슷한 의미를 지닙니다. 자신이 속한 일부 집단의 의견을 세상의 다수 의견인 것처럼 받아들이는 오류를 말하지요. 연주회처럼 공명이 잘 이뤄지게 설계된 공간에서 큰 소리를 내면 어떻게 되나요? 나의 목소리가 실제보다 훨씬 크게 울려 퍼질 거예요. 소셜 미디어는 이러한 울림통에 비유할 수 있어요. 페이스북, 카카오톡, 트위터 등에서는 끼리끼리 관계를 맺고, 한쪽의 의견이 주류가 되는 경우가 많지요. 정치적 신념이나 성향이 비슷한 사람들끼리 모여서 서로의 생각을 주고받다 보면, 실제 여론을 왜곡해서 받아들이게 되는 거지요.

아는 사람이 뉴스의 출처라고?

지금의 디지털 환경에서는 글, 이미지, 동영상 등 다양한 형태의 뉴스를 모바일로 편리하게 이용할 수 있습니다. 카드 뉴스나 동영상으로 가공한 뉴스는 이해하기도 쉽습니다. 하지만 편리하다고 다 좋은 것은 아닙니다. 매체와 표현 방식이 다양해지면서 정보의 출처를 알아차리기 어려워졌습니다. 이용자들은 대부분 포털 사이트나 소셜 미디어에서 접하는 수많은 뉴스의 출처를 기억하지 못합니다. 뉴스 출처는 뉴스를 만든 언론사, 보도한 기자, 그리고 뉴스에서 제시한 자료가 처음 만들어진 곳을 의미합니다. 신문과 방송이 유일한 뉴스 창구였던 과거에는 언론사 이름을 기억하는 일이 어렵지 않았어요. 지금은 뉴스를 읽고 난 뒤에도 어떤 포털 사이트나 소셜 미디어에서 봤는지 정도만 어렴풋이 기억할 뿐이지요.

요즘은 뉴스의 출처를 '아는 사람'이라고 답하는 경우도 있어요. 소셜 미디어를 통해 관계를 맺은 사람들로부터 뉴스를 전달받은 것이지요. 그런데 평소 잘 알고 지내는 사람의 이야기는 왠지 모르게 신뢰감이 들게 마련입니다. 아는 사람이 추천하거나 보낸 정보는 의심하지 않고 바로 공유하는 경향도 있어요. 친밀한 지인과 시도 때도 없이 소통하는 '카카오톡 단체방'이 가짜 뉴스의 온상이 되는 이유입니다.

뉴스의 출처를 구분하지 않고 곧장 사실로 믿는 습관은 매우 위험합니다. 출처가 불분명한 정보는 가짜 뉴스일 확률이 높기 때문이지요. 출처를 정확히 알아야 뉴스가 만들어진 배경과 그 의도까지 읽어 낼 수 있습니다. 가짜 뉴스에 걸려들지 않고, 비판적으로 뉴스를 읽으려면 반드시 출처를 확인하는 습관을 들여야 합니다. 우리가 일상적으로 만나는 정보 중에서는 필터 버블을 통해 걸러지고 울림통에서 증폭된 것들이 많음을 기억하세요. 비판적 사고 없이 정보를 그대로 받아들인다면 한쪽으로 심하게 기운 의견을 여론이라고 믿게 됩니다.

뉴스를 읽는 근본적인 목적은 정보를 받아들여 생존하고 번영하는 방법을 찾기 위해서입니다. 그러기 위해서는 세상을 균형 있게 바라보는 현명한 눈이 필요하지요. 뉴스를 선택적으로만 본다면, 사회적인 논쟁이나 위험을 알리는 경보를 나 혼자만 모를 수 있습니다.

다시 한 번 강조하지만, 뉴스를 멀리하는 것만큼 위험한 태도는 '큰 그림'을 보지 못하고, 자신만의 세상에 갇히는 것입니다. 나와 비슷한 의견을 가진 사람과만 소통하면 지금 당장은 마음이 편할 거예요. 하지만 이런 경험이 축적되면 다른 성향의 사람과 소통하는 데 큰 어려움을 겪을 수 있습니다. 우리는 한 사회의 구성원으로서 다양한 사람을 만날 수밖에 없습니다. 여러분은 세상을 좀 더 균형 있게 바라보는 눈을 갖춰, 비눗방울(bubble) 밖의 진짜 세상과 마주하길 바랍니다.

허구를 믿는
인간의 뇌

사람은 본능적으로 더 많은 정보를 추구합니다. 정보가 생존에 직결되던 고대 인류의 습성이 내재해 있는 거지요. 접근해 오는 맹수의 소리를 듣지 못하면 목숨이 위험하잖아요. 그래서 인류의 오랜 진화 과정에서 우리 뇌는 새로운 정보를 받아들이면 기분이 좋아지도록 만들어졌습니다. 스마트폰의 알람과 벨 소리가 울리면 저절로 눈길과 손길이 가지요? 뇌에서 쾌락을 주는 신경전달물질 도파민이 분비되기 때문이에요. 그런데 인간이 본능적으로 받아들이는 이 정보는 얼마나 정확할까요?

인간의 인지능력은 다른 동물들에게는 없는 뛰어난 능력입니다. 하지만 완벽하지는 않아요. 사실이라고 굳게 믿는 것도 알고 보면 거짓인 경우가 많습니다. 인간이 가진 한계로 인해 무엇이 진실인지 파악하는 것은 근본적으로 불가능한 경우가 많습니다. 우리의 시각과 청각의 능력에도 빈틈이 있습니다. 눈으로는 가시광선의 파장 영역만 볼 수 있으며, 귀로는 가청 주파수 대역의 소리만 들을 수 있습니다. 또 무엇에 집중하고 있으면 외부의 자극에 둔감해집니다. 가까이 있는 것도 잘 보이지 않고, 바로 옆에서 말하는 소리도 못 듣는 경우가 종종 있어요.

이러한 인지능력의 한계로 우리는 거짓을 사실로 믿기도 합니다. 또한 사회적 약속을 통해서, 혹은 교육이나 종교적 신념에 따라 사실이 '탄생'하는 경우도 있지요. 진실 여부와 무관하게 말입니다.

인간은 머리를 덜 쓰고 싶다

16세기 영국의 사상가 프랜시스 베이컨Francis Bacon은 일찍이 불완전한 인간의 인지능력을 지적했어요. 인간이 쉽게 오류와 편견에 빠지는 성향을 갖고 있다는 점을 '우상론'을 통해서 설명했습니다. 그는 우상을 네 가지로 구분했어요. 먼저 '종족의 우상'입니다. 새가 노래한다거나 원숭이가 춤을 춘다는 의인화된 표현을 보아도 알 수 있듯이, 우리는 오로지 인간의 관점에서 사물을 바라봅니다. 다음으로 '동굴의 우상'입니다. 우물 안의 개구리처럼 자신의 특수한 상황을 기준으로 인식하면, 결함이 생기게 마련입니다. '시장의 우상'도 있습니다. 이는 잘못된 언어 사용으로 인해 발생하는 소통의 오류, 사고의 제한을 말합니다. 마지막으로 '극장의 우상'입니다. 기존의 학설을 무비판적으로 믿기 때문에 생겨나는 오류입니다.

인지심리학도 인간의 부족한 인지능력을 지적했습니다. 인간은 되도록 머리를 덜 쓰려고 하는 '인지적 구두쇠(cognitive miser)'라는 거예요. 뇌는 본디 많은 자원을 쓰면서 어떤 생각을 깊게 하는 것 자체를 싫어합니다. 따라서 사람은 생각하는 과정을 최소화해서 뇌의 자원을 아끼려는 본능을 갖고 있지요. 인지적 구두쇠 현상은 사람이 매번 새로이 생각하거나 비판적으로 검토하는 대신, 고정관념이나 앞선 경험, 각종 편향에 의존하는 이유를 훌륭히 설명합니다.

그래서 비판적 사고를 갖추기는 쉽지 않습니다. 게으름뱅이 우리의 뇌는 구석기 시대 때부터 형성되어 왔으니 의도적으로 개선하려고 노력하지 않으면, 타고난 자연 상태의 사고방식을 바꾸기 힘듭니다. 하지만 잘 바뀌지 않는다고 해서 게으른 뇌를 그대로 두어서는 안 되겠지요. 사기 정보나 가짜 뉴스에 쉽게 현혹되지 않는, 비판적 사고 능력을 갖추려면 어떻게 해야 할까요? 뇌의 본능적 성향을 깨닫는 게 변화의 출발점입니다. 탁월해 보이는 인간의 인지능력도 왜곡되어 있고, 편향되어 있으며, 부정확하다는 사실을 깨달으면 이를 개선하기 위해 노력하게 될 테니까요.

한계를 지닌 인간의 인지적 특성은 지금의 디지털 미디어 환경을 만나서 그 위험성이 더 커졌습니다. 눈길을 확 끌 만큼 자극적이거나 내 입맛에 맞는 정보면, 우리는 사실 여부를 따지지 않고 본능적으로 받아들입니다. 소셜 미디어 환경에서는 누구나 편향적이고 왜곡된 인식에 빠지기 쉽습니다. 우리는 이런 위험성에 대한 교육을 받고, 의식적인 노력을 해야겠지요.

인류는 늘 탈진실의 시대를 살아왔다

여기 가짜 뉴스에 대한 새로운 관점을 제시해 준 한 학자가 있습니다. 『사피엔스』, 『호모 데우스』를 쓴 이스라엘의 역사학자 유발 하라리Yuval Harari입니다. 그는 '인류가 처음부터 허구 속에서 살아왔다'고 주장합니다. 인류가 생태계의 승리자로 자리매김한 결정적 계기가 '허구를 만들어 내고 믿을 줄 아는 능력'이라는 거예요. 심지어 '1,000명의 사람이 조작된 이야기를 한 달간 믿으면 가짜 뉴스이지만, 10억 명이 1,000년 동안 믿으면 종교가 된다'고도 말합니다. 참 도발적인 주장이지요?

유발 하라리가 허구의 사례로 드는 것은 종교만이 아닙니다. 화폐, 국가, 이념, 민족, 민주주의 등과 같은 개념도 허구에 속한다고 주장합니다. 이런 개념은 눈에 명확하게 보이는 실체가 아니에요. 인류가 오랜 역사에서 수많은 사람들의 토론을 거쳐서 만들어 낸 사회적 장치 또는 가치 체계입니다. 한마디로 '개념'인데, 이것을 유발 하라리는 '허구'라는 말로 표현한 셈이지요. 사람은 생각하는 존재이기 때문에 눈에 보이지 않는 개념을 만들어 낼 수 있는 겁니다. 이는 다른 동물과 달리 인간만이 할 수 있는 행위입니다. 나아가 개념을 만드는 과정에서 사회적 합의가 이뤄지기 때문에 인류는 서로 신뢰하고 조화롭게 살아갈 수 있습니다.

다르게 말하면, 인간은 보이지 않는 것을 믿을 수 있는 유일한 생물체라고 할 수 있습니다. 이런 특성 때문에 인간은 구석기시대에 거대한 매머드를 사냥할 수 있었습니다. 매머드 사냥을 위해서는 수백 명 이상의 사람들이 모여서 작전을 짜고, 매머드 몰이를 해야 했습니다. 파 놓은 함정이나 절벽으로 매머드를 떨어뜨리기 위해서 어느 방향으로 매머드를 유인할지 정교하게 계획을 세워야 했지요. 그리고 사냥에 성공하면 모두가 매머드 고기를 나눠 먹을 것이라는 기대를 품었습니다. 매머드 사냥에 성공할 수 있었던 것은, 사람들이 당장은 충족될 수 없는 기대감을 공유하고 조직적으로 행동했기 때문입니다. 매머드 사냥에서처럼 보이지 않는 것을 믿고 그에 따라 행동하는 능력은 인류의 가장 강력한 무기가 되었어요. 사회 공동체를 구성하고, 과학과 지식 또한 발전시켰습니다. 이는 인간이 생각하는 존재라는 것을 의미합니다.

그런데 허구를 만들고 신뢰하는 능력은 인간이 가짜 뉴스를 만들고, 이를 받아들이는 존재임을 뜻하기도 합니다. 인간의 생각하는 능력이 찬란한 빛이라면, 가짜 뉴스의 창궐은 그 그늘이라고 볼 수 있습니다.

쫓아내자,
가짜 뉴스!

소셜 미디어는 가짜 뉴스의 주된 통로이기 때문에 그 책임에서 자유로울 수 없습니다. 2016년 미국 대선 당시 페이스북이 가짜 뉴스의 온상이라는 주장이 나오자, 마크 저커버그는 다음과 같이 반박했어요.

"페이스북 내의 가짜 뉴스 콘텐츠는 극히 일부이며, 이런 가짜 뉴스가 선거에 영향을 미친다는 주장은 말도 안 된다고 생각한다. 유권자들은 자신의 경험을 토대로 투표한다."

하지만 실질적인 증거가 쏟아지고, 갈수록 여론이 나빠졌습니다. 결국 페이스북은 책임을 인정하고 알고리즘을 개선하는 작업에 나섰어요.

가짜 뉴스 쫓아내기 위한 기업과 정부의 노력

다른 기업들도 대책을 마련했습니다. 구글은 가짜 뉴스를 식별해 검색 결과에서 감추기 시작했습니다. 가짜 뉴스 사이트에 구글 광고를 금지하기도 했어요. 유튜브도 2018년 3월, 의심스러운 유튜브 동영상에 정보 단서(information cues) 기능을 추가해, 허위 정보 파급을 막겠다는 방침을 발표했지요. 정보 단서는 위키피디아로 연결되는 링크입니다. 이용자들이 유튜브 동영상의 내용이 미심쩍을 때, 클릭해서 세부 정보를 확인할 수 있지요.

기업뿐만 아니라 정부도 가짜 뉴스 퇴출에 팔을 걷어붙였습니다. 독일 정부는 2017년부터 가짜 뉴스와 혐오 발언을 삭제하지 않은 소셜 네트워크 서비스 업체에 거액의 벌금을 물리는 법안을 시행했습니다. 가짜 뉴스를 비롯해서 범죄적인 내용을 발견하고도 24시간 내에 삭제하지 않는 페이스북이나 트위터에 최고 500만 유로(약 66억 원)까지 벌금을 매길 수 있습니다. 유럽연합도 법과 제도를 강화하며, 온라인상의 거짓 정보에 대한 대응을 강화해 나갔습니다.

하지만 규제를 통해 가짜 뉴스를 추방하고 뿌리 뽑는 것은 한계가 있습니다. 유튜브 콘텐츠를 규제하기 어려운 이유와 일맥상통하지요. 섣부른 가짜 뉴스 처벌은 헌법이 보장하고 있는 표현의 자유를 억압하는 등 여러 부작용을 불러옵니다. 따라서 표현의 자유를 저해하지 않으면서 가짜 뉴스를 억제하는 묘안이 필요합니다. 그런데 가짜 뉴스를 뿌리 뽑는 것이 더더욱 어려워지고 있습니다. 왜 그럴까요?

진화하는 기술, 정교해지는 가짜 뉴스

영화 〈기생충〉에서 기우는 클릭 몇 번으로 연세대 재학생이 됩니다. 영화 같은 이야기처럼 보이지만, 포토샵 프로그램을 활용한 위조 사기는 예전부터 존재했습니다. 취업을 위해 성적 증명서를 조작하거나, 은행 대출을 위해 재직 증명서를 만드는 식입니다.

문서 위조에 사용되던 기술이 이제는 뉴스를 위조하고 있습니다. 최근 논란이 된 가짜 뉴스는 언론사의 로고가 붙어 있어 많은 사람들을 속였어요. 여러분 중에서도 사진을 자유자재로 변신시키는 포토샵 능력자가 있을 거예요. 이제 포토샵은 기본이고, 동영상과 음성 파일도 손쉽게 조작할 수 있는 시대입니다.

유독 노인 세대가 조작된 이미지를 사실로 믿는 경우가 많습니다. 이는 최신 컴퓨터 기술을 어른이 되어서야 접했기 때문이에요. 사진은 거짓말을 하지 않는다고 믿는 거지요. 어린 시절 형성된 사고의 틀을 어른이 돼서 새롭게 바꾸기란 결코 쉽지 않습니다. 물론 기성세대만 가짜 뉴스에 취약한 게 아닙니다. 끊임없이 발전하는 기술과 담을 쌓는 사람이라면, 누구든지 사악한 의도를 지닌 가짜

뉴스 세력의 표적이 될 수 있어요.

이제는 인공지능 기술까지 가짜 뉴스 제작에 동원되고 있습니다. 가짜 뉴스를 진짜 뉴스와 구분하기 더 어려워진 거예요. 딥페이크(deepfake)가 대표적입니다. 딥페이크는 인공지능 기술을 활용해 특정 인물의 얼굴, 신체 등을 원하는 영상에 합성한 편집물을 말합니다. 2017년 '딥페이크'라는 아이디의 인터넷 이용자가 인공지능 딥러닝 기술을 이용하여 유명 연예인의 위조 영상물을 만들어 공개한 것에서 확산되었지요. 스칼릿 조핸슨, 엠마 왓슨 등 유명 영화배우의 얼굴을 성인 영상물에 합성했는데, 어색함이 느껴지지 않을 정도로 정교한 수준이었어요. 국내에서도 딥페이크 기술을 이용한 성인 영상물이 유통되어 많은 여성 연예인들이 피해를 입었습니다.

구글은 2018년 5월 개발자 콘퍼런스에서 사람 목소리를 완벽하게 흉내 내는 인공지능 음성 비서 서비스 '듀플렉스(Duplex)'를 선보였습니다. 듀플렉스는 미용실과 식당에 전화를 걸어 종업원과 자연스럽게 대화하면서 특정 날짜에 서비스를 예약하라는 미션을 받았어요. 인공지능의 신분을 들키면 안 된다는 조건도 붙었지요. 결과는 완벽한 성공이었습니다. 매장 종업원 누구도 인공지능임을 눈치채지 못했지요. 인공지능의 목소리와 대화 내용은 사람과 구별할 수 없는 수준까지 발달했습니다. 인공지능 기술은 이처럼 손쉽게 '진짜 같은 가짜'를 만들어 내고 있습니다.

'무어의 법칙'에 따르면 컴퓨터의 성능은 약 24개월마다 2배씩 개선됩니다. 앞으로 인공지능 기술은 눈부시게 발전해 우리 생활 속에 깊숙이 들어올 것입니다. 인공지능이 보편화하는 시대에 가짜 뉴스가 어떤 의미를 지니는지 좀 더 자세히 알아봅시다.

인공지능 시대의 가짜 뉴스

기술이 발달하면서 사실 같은 거짓 정보가 지속해서 늘어나고, 갈수록 진짜와 가짜의 구별이 어려워지고 있습니다. 2017년 10월 미국의 IT 리서치 그룹 가트너(Gartner)는 "2022년이 되면 대부분의 사람들이 진짜 정보보다 가짜 정보를 더 많이 접하게 될 것"이라는 전망을 내놓았습니다. 실제로 빅데이터와 인공지능 기술은 더욱 정교해지고 있어요. '인공지능 신경망 기술'이 그중 하나입니다. 서로 피드백을 주고받으며 품질을 높여 가는 이 방식은 진짜와 구분하기 어려운 위조지폐를 만드는 과정과 비슷합니다. 인공지능 신경망은 진짜를 표방한 가짜를 만들어 내는 알고리즘과 그 둘을 식별하는 알고리즘, 두 개로 구성되어 서로 대립하고 경쟁하면서 발달을 거듭합니다.

인공지능 기술에 대한 접근성도 낮아지고 있습니다. 기술을 배울 기회가 많아지고 있을 뿐 아니라, '오픈 소스(open source)'를 통해 데이터를 자체적으로 활용할 수 있기 때문이지요. 오픈 소스는 소프트웨어 등을 만들 때, 제작 과정이나 구성을 알 수 있도록 소스 코드를 공개한 것을 말합니다. 코로나19 사태 때도 오픈 소스와 공개된 공공 정보를 활용해 일반 시민들이 확진자 이동 경로나 마스크 판매를 알려 주는 유용한 앱을 제작했던 적이 있지요. 이는 오픈 소스를 긍정적으로 활용한 사례입니다. 하지만 잘못 쓰이면 가짜 뉴스처럼 사회에 해악을 끼칠 수도 있어요. 기술이 더 발달하고 보편화되면, 가짜 뉴스는 점점 우리 사회의 일상적인 문제로 고착화될 수 있습니다.

생산과 유통이 자유로운 디지털 미디어 환경에 인공지능 기술까지 더해지니, 가짜 뉴스는 변이를 거듭하며 진화하고 있습니다.

가짜 뉴스 판별력은 비판적 사고력에서 출발합니다. 비판적 사고력을 키우기 위해서는 꾸준한 노력이 필요해요. 무엇보다 열린 사고방식, 즉 '내가 지금 알고 있는 게 완벽하지 않고 더 나은 정보가 있을 수 있다', '다른 관점으로 보면 지금과 다른 판단도 가능하다'는 태도를 갖는 게 중요합니다. 날마다 만나는 다양한 뉴스와 정보야말로 우리가 비판적 사고를 훈련하고 키워 나가기 가장 좋은 자료입니다.

*** 쓸모 있는 TMI ***

가짜 뉴스 유포만으로는 처벌할 수 없다?
반은 맞고 반은 틀립니다. 우선 가짜 뉴스 처벌법은 존재하지 않아요. 다만 경우에 따라 다른 법령을 적용할 수 있습니다. 가짜 공문서를 만들어 유포하면 '공무집행방해죄', 허위 사실을 적시해 타인의 업무를 방해하면 '업무방해죄'에 해당합니다. 온라인에 타인의 신상을 공개하면 '정보통신망법 위반(명예훼손)'으로 처벌받지요. 가짜 뉴스 유포 자체가 죄목이 되지 않지만, 그로 인한 피해는 법으로 엄격히 다스립니다. 가짜 뉴스를 아예 법으로 제재하자는 움직임도 있습니다. '가짜 정보 유통 방지에 관한 법률안'이 그것인데요. 2018년 발의돼 현재 상임위에 계류 중입니다. 과연 이 법이 통과될까요?

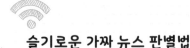

슬기로운 가짜 뉴스 판별법

지금부터 페이스북이 영국의 팩트 체크 비영리재단인 '풀 팩트 (Full Fact)'와 공동으로 개발한 10가지 가짜 뉴스 판별법을 소개할게요. 실제 뉴스를 이용할 때 기억하고 활용할 만한 팁입니다.

① 비판적으로 제목 읽기

가짜 뉴스나 부실한 뉴스일수록 기사 내용을 충실하게 요약하기보다 선정적 표현으로 독자의 눈길을 끄는 데 주력합니다. 제목에 '충격', '경악', '격분' 등의 극단적이고 감정적 표현이나 느낌표(!) 물음표(?) 같은 문장부호를 남발하는 기사는 주의해야 합니다.

② 인터넷 주소(URL) 점검하기

가짜 뉴스 사이트는 독자를 속이기 위해서 유명 언론사 사이트의 디자인을 베낍니다. 인터넷 주소(URL)를 자세히 보면 어느 언론사의 웹 주소인지 확인할 수 있습니다. 스마트폰에서 전달받은 뉴스를 열어 볼 때도 인터넷 주소의 유무와 정확성을 확인해 봐야 합니다.

③ 뉴스의 출처 확인하기

신문 기사에 취재한 기자의 이름과 이메일이 명시돼 있는지 살펴봐야 합니다. 모바일 기사도 마찬가지입니다. 콘텐츠 책임자와 연락처가 있는지도 확인하는 게 좋습니다. 이런 방식으로 어떤 언론사인지, 기자가 누구인지, 취재 자료가 믿을 만한지 따져 보는 거예요. 소셜 미디어로 전달받은 익명의 정보는 출처가 불분명하니, 일단 믿지 않는 게 최선입니다.

④ 문법적 오류 확인하기

맞춤법이나 문법을 지키지 않는 뉴스를 본 적 있나요? 객관성과 신뢰성을 추구하는 뉴스에서 어문규범은 기본 중의 기본입니다. 형용사나 부사 등 감정적 반응을 담은 단어도 제한적으로 사용해야 맞습니다. 객관적인 사실보다 분노나 놀람과 같은 감정을 부추기는 서술이 많다면, 기자가 충실하게 취재해서 작성한 기사가 아닐 확률이 높습니다.

⑤ 사진을 면밀하게 살펴보기

기사에 사진이나 동영상이 있으면 신뢰성이 높아집니다. 이런 독자의 심리를 노려 가짜 뉴스에 조작된 사진과 동영상을 첨부하기도 합니다. 그러니 이미지 파일도 의심해 봐야 해요. 옛날 사진이거나 합성일 수도 있거든요. 미심쩍은 사진이라면 마우스 오른쪽 버튼을 클릭하거나 별도의 프로그램을 통해서 촬영 일자, 촬영자 등을 확인하는 것도 좋습니다.

⑥ **날짜 확인하기**

가짜 뉴스에는 날짜나 구체적인 발생 시간이 명시되어 있지 않은 경우가 흔합니다. 오래전 사건이나 뉴스를 마치 방금 일어난 것처럼 조작하거나 아예 없앤 뒤에 유포하지요. 때로는 날짜 정보를 의도적으로 조작하기도 합니다. 그래서 날짜가 있는지, 정확한지 유심히 살펴보는 게 가짜 뉴스 판별에 도움이 됩니다.

⑦ **주장의 근거 확인하기**

통계가 표와 그래프로 제시되었다고 해서 무조건 신뢰하면 안됩니다. 같은 통계 조사 결과를 가지고도 얼마든지 다른 해석을 내놓을 수 있습니다. 사진이나 동영상, 통계표가 있어도 이것이 조작된 미끼로 활용될 수 있다는 점에 유의해야 합니다. 통계의 원자료를 직접 찾아보는 것도 좋은 습관입니다.

⑧ **관련 보도 찾아보기**

수많은 언론사들이 동시에 취재하고 보도하는 사안은 가짜 뉴스가 아닐 확률이 높습니다. 하지만 무명의 언론사나 한 군데서만 주장하는 내용은 일단 의심해 봐야 합니다. 다른 기사가 검색되지 않는다면 더 엄밀하게 내용을 따져 봐야 하고요.

⑨ 풍자 또는 해학과 구분하기

외국에서는 권위 있는 신문들도 4월 1일자 신문에 진짜인지 가짜인지 식별하기 어려운 만우절 기사를 싣습니다. 우리나라 언론에서 만우절 기사라는 걸 알아차리지 못하고 이를 주요하게 보도한 적도 있지요. 여러분은 4월 1일에 유독 터무니없는 뉴스 기사를 접하면, 가짜 뉴스가 아닌지 의심해 봐야 합니다.

⑩ 반가운 뉴스일수록 의심하기

사람은 자신이 기대하는 정보를 접할 때 만족감을 느끼기 때문에 자신의 정치적 성향이나 관심사와 일치하는 뉴스를 이용하는 성향이 강합니다. 가짜 뉴스 제작자들도 이를 잘 알고 있지요. 평소 품고 있던 생각과 일치하는 뉴스를 만나면, 비판적인 읽기를 해야 합니다. 가짜 뉴스의 덫에 걸리지 않기 위해서 말이지요.

⁀⁀비판적 사고를 길러 보자⁀⁀

선택지가 많으면 무조건 좋을까

컬럼비아대 경영학과 교수 쉬나 아이엔가 Sheena Iyengar 는 선택에 관한 재밌는 실험을 했습니다. 슈퍼마켓 매장에 잼 6종류와 24종류를 따로 진열하고, 방문자와 구매자 수를 세었지요. 24종의 진열대에 더 많은 사람이 다녀갔지만, 6종의 진열대에서 사람들은 더 쉽게 지갑을 열었습니다. 구매율은 3%와 30%로, 10배가량 차이가 났습니다. 왜 그럴까요? 사람들에게 더 많은 선택의 권한이 주어지면, 혼란에 빠져서 판단하는 데 어려움을 겪기 때문입니다. 이를 '선택의 역설'이라고 부릅니다.

갑자기 웬 잼 이야기냐고요? 24종의 잼 앞에서 헤매고 있는 사람들의 모습은 수많은 정보 속에서 방황하는 우리를 떠올리게 합니다. 우리는 정보의 홍수 시대에 살고 있습니다. TMI(Too Much Information)라는 말이 생겨났을 정도이지요. 아이엔가의 잼 실험에서 알 수 있듯이, 정보가 많다고 유용한 게 아닙니다. 과잉 정보에 시달리는 우리의 뇌를 구원해 줄 막강한 무기는 바로 '비판적인 사고 능력'입니다.

한국 사회에서 비판이 곧 비난인 이유

그런데 유독 우리나라에서 '비판'은 대부분 누군가를 지적하고 비난한다는 의미로 쓰입니다. '잘못된 점을 이성적으로 판단한다'기보다 '삐딱하고 부정적으로 본다'는 뜻에 더 가깝게 쓰이지요. "저 사람은 매사에 비판적이야."라는 말에서 '모든 일을 합리적이고 이성적으로 사고해 옳고 그름을 분간하는 사람'이라는 이미지가 쉽게 떠오르진 않듯 말입니다.

비판적 사고가 우리 사회에서 그 중요성을 인정받지 못하는 이유에는 몇 가지 역사적 배경이 있습니다. 첫째, 비판과 반대를 허용하지 않은 과거 군사독재 정권 탓이 큽니다. 독재 정권은 수십 년간 획일적이고 권위적인 통치를 해 왔습니다. 정통성이 취약했기 때문에 시민들의 주권 의식과 비판적 사고를 무엇보다 두려워했어요. 그래서 독재 정권은 비판적 사고를 반사회적 행위로 간주하고, 이를 수시로 탄압했습니다.

둘째, 전통과 권위를 중시하는 유교 문화의 영향도 있습니다. 한국 사회에는 나이 많고 지위 높은 사람에게 반대 의견을 표시하기 힘든 풍토가 자리합니다. 비판적 사고는 기존의 지식, 권위, 전통 등 어떠한 형태의 정보든 그것을 근본적으로 의심하고 성찰하면서 더 나은 앎을 추구하는 지적 도구입니다. 주체적인 판단이 수용되지 않고, 말없이 따라야 하는 위치에서는 비판적 사고가 싹틀 수 없지요.

셋째, 절차와 과정보다 효율성과 결과를 우선시하는 문화도 한몫했습니다. 어떤 일이든 비판이 개입되면 시간이 지연될 수밖에 없잖아요. 정해진 목표를 빠르게 달성해 내는 게 모두의 과업으로 여겨지던 한국 사회에서 공동의 목표에 비판적이거나 이의를 제기하는 행위는 환영받지 못했어요.

앞서 이야기했듯 비판과 비난은 다릅니다. 'critical(비판적)'의 어원 그리스어 'krinein'은 '정확히 가르다, 식별하다, 판단하다'를 뜻하지요. 비판적 사고는 무조건 상대방의 주장을 공격하는 것이 아니라, 지식이나 상대방의 주장이 참인지 거짓인지, 유용한지 무용한지를 주의 깊게 따지면서 생각하는 것을 뜻합니다. 정보의 홍수 시대에 사는 우리가 꼭 길러야 할 능력입니다. 이렇게 중요한 능력인데도 왜 학교에서는 비판적 사고를 중점적으로 가르치지 않을까요?

학교에는 왜 '비판적 사고 과목'이 없을까

『사피엔스』의 저자 유발 하라리는 "교육 과정에서 더 많은 정보를 학생들에게 주입하려는 시도는 불필요하다."라고 말합니다. 실제로 많은 교육학자와 철학자는 학생들이 독립적으로 비판적 사고를 할 수 있는 능력을 기르도록 돕는 것이 교육의 궁극적 목표라고 강조해 왔어요. 1964년 노벨평화상을 받은 미국의 인권 운동가 마틴 루서 킹 Martin Luther King Jr.은 이렇게 말했습니다.

"교육은 거짓과 참을 분간하고, 허위와 사실을 판별할 수 있는 능력을 길러 주어야 한다. 교육의 기능은 학생들이 비판적으로 생각하도록 가르치는 것이다."

비판적 사고는 수천 년 전부터 오늘날까지 교육의 궁극적 목표로 강조됐지만, 정작 학교에서는 이를 중점적으로 가르치지 않습니다. 여기엔 두 가지 이유가 있습니다.

하나는 그동안 오늘날의 교육 시스템을 설계한 권력자들이 이를 좋아하지 않았기 때문입니다. 다른 하나는 가르치기 어렵기 때문입니다. 비판적 사고가 교육의 궁극적 목표로 강조됐다는 사실은, 그것이 가장 이루기 어려운 목표임을 의미하기도 합니다. 인간의 모든 지적 역량과 태도, 환경이 통합적으로 관련돼 있어서 한두 가지 역량이나 기술만을 교육하는 것으로는 효과가 크지 않습니다.

게다가 한국 교육에서 '비판적 사고 과목'은 변종에 해당합니다. 수학처럼 정답이 하나가 아니기에 객관적인 점수를 매기기 어려워요. 이 때문에 시험을 대비하는 학습이 중요한 교육 현장에서 비판적 사고를 가르친다는 건 현실적으로 매우 어려운 일입니다. 결국, 배우려는 사람 스스로 학습 주체가 되어 오랜 기간 자발적이고 의도적인 노력을 기울여야 비판적 사고력을 기를 수 있습니다.

슬기로운 비판적 사고법

지금까지 우리는 비판적 사고가 얼마나 중요한지 알아보았습니다. 미디어의 영역에서도 마찬가지입니다. 학교를 졸업하면 미디어가 '평생 학교'가 될 거예요. 언제 어디서나 미디어를 접할 수밖에 없으니까요. 비판적 사고를 기반으로 미디어를 적절히 활용하는 '미디어 리터러시'가 필수인 이유입니다. '미디어 리터러시(media literacy)'란 '미디어(media)'와 글을 읽고 쓸 줄 아는 능력을 뜻하는 '리터러시(literacy)'가 합쳐진 단어예요. 미디어를 수용하고 해석하는 능력에서 나아가, 적극적으로 미디어를 활용하는 능력을 의미하지요. 다음은 일상생활에서 미디어를 이용할 때 비판적 사고를 훈련할 수 있는 네 가지 비법입니다. 미디어 이용뿐만이 아니라 일상 소통에서도 도움이 될 거예요.

1. 이 세상에 완벽한 지식은 없다.

정보는 완전무결하지 않습니다. 인간의 뇌에서 탄생했으니까요. 앞으로도 얼마든지 더 뛰어난 지식이나 기술이 나올 수 있습니다. 천동설이 지동설로 대체되고, 양자역학이라는 새로운 흐름이 상대성이론과 함께 현대물리학의 두 축을 이루게 된 것만 봐도 인류는 새로움을 끊임없이 받아들이면서 발전한다는 사실을 알 수 있어요. 그러니 지금의 지식을 맹신하지 않고, 새로운 정보를 편견 없이 받아들이는 태도가 중요합니다.

2. 주장의 근거를 들여다보자.

많은 주장에는 말하는 사람도 의식하지 못한 전제가 숨어 있습니다. 이를 가장 잘 이용한 사람은 고대 그리스 철학자 소크라테스Socrates입니다. 소크라테스는 주장의 근거나 전제의 오류를 끄집어내는 고급 기술로 소피스트와의 말싸움에서 번번이 승리했지요. 논리의 짜임은 탑 쌓기와 같아요. 건물이 아무리 튼튼하고 멋져 보여도 기초가 부실하면 무너져 버리듯, 그럴싸해 보이는 논리에서 전제가 하나라도 잘못되면 하자 있는 주장이 되어 버리지요.

3. 말하는 사람의 의도를 읽어 내자.

모든 주장이나 정보는 사람이 만들어 내는 것이고, 여기엔 의도가 숨어 있습니다. 이 의도를 읽어 낸다면, 정보가 얼마나 믿을 만한지 평가하는 데 도움이 됩니다. 나한테 도움이 되는 주장이라고 해서 덥석 믿어 버리면 안 되지요. 선거철 정치인을 떠올려 보세요. 그들은 한 표라도 더 받는 게 목적입니다. 달콤한 언어로 제시하는 미래의 청사진은 유권자의 환심을 사기 위한 행동일 수 있습니다. 이처럼 말하는 사람의 주장이 수용됨으로써 그가 얻을 이익을 계산해 보면 그의 속마음을 엿볼 수 있어요. 배경과 맥락을 고려하며 화자의 주장을 비판적으로 살펴보길 바랍니다.

4. 사실과 의견을 구분하는 능력을 갖추자.

사실은 사람에 따라 달라지지 않으며, 참과 거짓을 가를 수 있습니다. 하지만 의견은 생각이기 때문에 사람마다 다르고, 참과 거짓의 영역에 해당하지 않습니다. 객관적 사실과 주장(의견)을 구분하는 일은 간단해 보이지만 실은 매우 어려워요. 현실에선 사실과 의견이 구분되지 않고 뒤섞여 쓰이기 때문입니다. 신문 사설이나 칼럼 같은 의견 기사를 읽을 때도 글에 담긴 주장이나 논리가 사실에 근거하는지 따져 봐야 합니다.

미디어에 제대로 반(反)해 보자

누구나 자신이 먹는 음식에는 각별하게 신경을 씁니다. 원산지와 유통기한을 확인하고, 재료를 가려 사용하면서 건강한 식습관을 기르려 노력합니다. 미디어 이용도 마찬가지여야 합니다. 오염된 음식을 먹으면 식중독에 걸리고, 많이 먹으면 배탈이 나는 것처럼 정보도 아무 생각 없이 받아들이면 소화 장애가 발생합니다. 세상으로 열린 창이자, 세상 그 자체인 미디어를 사랑하고 즐기되, 주어진 대로만이 아닌 비판적으로 생각해 보는 능력을 습관화해야 하지요.

종이 신문 위주이던 미디어 세상이 전파 미디어로 진화했습니다. 곧이어 인터넷으로 세상이 연결되면서 '정보 폭발'이 일어났지요. 이제는 모든 사람이 스마트폰과 소셜 미디어에 빠져 산다고 해도 과언이 아닙니다. 유튜브, 페이스북, 인스타그램 같은 뉴미디어가 나타나 미디어 생태계를 크게 변화시키고 있습니다. 미래에는 지금 세대가 상상도 못 할 새로운 버전의 매체가 등장할 수도 있습니다.

인간은 매번 그랬듯이 매력적인 미디어가 나타나면 또 반하게 마련입니다. 더 많은 정보를 추구하는 본능 때문이에요. 그런데 빛이 강렬하면 그림자가 짙어지는 것처럼 매력적이고 달콤한 미디어일수록 부작용도 크다는 점을 책에서 살펴보았습니다. 우리는 미디어에서 완전히 벗어날 수 없습니다. 미디어의 장점을 활용하면서도 미디어를 비판적으로 이용하는 게 현명한 방법이지요. 미디어에 빠지면서도 이를 거스르는, '반하고, 반(反)하는 능력'이 요구되는 때입니다.

도판 출처

북트리거 일반 도서

북트리거 청소년 도서

유튜브에 빠진 너에게

인스타그램부터 가짜 뉴스까지 Z세대를 위한 미디어 수업

1판 1쇄 발행일 2020년 5월 8일
1판 15쇄 발행일 2024년 10월 21일

지은이 구본권
펴낸이 권준구 | 펴낸곳 (주)지학사
편집장 김지영 | 편집 공승현 명준성 원동민
디자인 스튜디오 진진
마케팅 송성만 손정빈 윤술옥 | 제작 김현정 이진형 강석준 오지형
등록 2017년 2월 9일(제2017-000034호) | 주소 서울시 마포구 신촌로6길 5
전화 02.330.5265 | 팩스 02.3141.4488 | 이메일 booktrigger@naver.com
홈페이지 www.jihak.co.kr | 포스트 post.naver.com/booktrigger
페이스북 www.facebook.com/booktrigger | 인스타그램 @booktrigger

ISBN 979-11-89799-23-6 43300

북트리거

트리거(trigger)는 '방아쇠, 계기, 유인, 자극'을 뜻합니다.
북트리거는 나와 사물, 이웃과 세상을 바라보는 시선에 신선한 자극을 주는 책을 펴냅니다.